Oficial de Segunda de Oficios de la Administración de la Comunidad de Castilla y León (Grupo IV Personal Laboral)

Julio, 2025

Curso
MAD360

La diferencia entre aprobar
y sacar plaza

Oficial de Segunda de Oficios (Grupo IV)

COMUNIDAD DE CASTILLA Y LEÓN

Materias Específicas

Si aún no dispones de tu **Curso MAD360**, te ofrecemos un acceso GRATIS de 30 días para que disfrutes de los siguientes recursos:

- Técnicas de Memoria 360.
- MADTEST: Test *online* Nivel PRO.
- Temario en formato digital.
- Vídeos.
- Esquemas.
- Planificación de estudio.
- Foro entre opositores hasta la fecha del examen.*
- Recursos y novedades exclusivas.
- Consúltanos sobre tu oposición y proceso selectivo.
- Actualizaciones legislativas (Boletines Oficiales) hasta 60 días antes de la fecha del examen.*

Para acceder a esta prueba del Curso MAD360** será necesaria la compra de todos los libros de la parte específica para esta especialidad de la edición 2025.

Regístrate en **mad.es/iniciar-sesion** y en la pestaña BIBLIOTECA valida los códigos que encuentras en la última página de tus libros.

NOTA IMPORTANTE:

* Examen de esta categoría profesional correspondiente a la convocatoria publicada en el BOCYL n.º 92, de 16 de mayo de 2025, o hasta el 31 de agosto de 2026, lo que se cumpla antes, y previa renovación del servicio.

** El acceso al CURSO MAD360 estará disponible desde agosto de 2025 (algunos recursos podrían estar disponibles en fecha posterior). Tendrá una duración de 30 días RENOVABLES mediante pago, desde la validación de códigos, o hasta el 28 de febrero de 2027, lo que se cumpla antes.

MAD se reserva el derecho a ampliar dichas fechas.

Oficial de Segunda de Oficios de la Administración de la Comunidad de Castilla y León (Grupo IV Personal Laboral)

Test del
Temario Específico

JOSÉ ANTONIO VEGA ÁLVAREZ
Maestro Industrial

MIGUEL BALDOMERO RAMÍREZ FERNÁNDEZ
Doctor en Educación y Ciencias Sociales
Profesor de la Universidad Pablo de Olavide de Sevilla

LIDIA PONCE MARTÍNEZ
Licenciada en Psicología

© 7 Editores Recursos para la Cualificación Profesional y el Empleo, S.L. (7 Editores)
© Las autores
Primera edición, julio 2025 (112 páginas)
Derechos de edición reservados a favor de 7 Editores
IMPRESO EN ESPAÑA
Diseño Portada: 7 Editores
Edita: 7 Editores
Avda. San Francisco Javier, 9 · Edificio Sevilla 2 · Planta 11 · Módulos 25-27 · 41018 Sevilla
Teléfono: 954 784 411 · WEB: www.mad.es · e-mail: administracion@7editores.com
ISBN: 978-84-142-9684-4
© "Editorial Mad" y "Eduforma" son nombres comerciales registrados de
7 Editores Recursos para la Cualificación Profesional y el Empleo, S.L.

Índice

Materias Específicas

TEST

TEST N.º 1

Conocimientos básicos de las herramientas, materiales y maquinaria utilizada en el puesto de trabajo de esta categoría profesional. Características, uso y almacenamiento

1. Útil generalmente de madera con dos lados bordeados sujetados de forma horizontal; esta superficie tiene un mango para sujetar con la mano. Con este útil podemos transportar morteros y demás masas y se llama:

a) Artesa.
b) Esparavel.
c) Llana.
d) Bujarda.

2. Los recipientes que se utilizan para realizar pequeñas masas, bien sea de hormigón, cemento, yeso, etc., se llaman:

a) Carrillos.
b) Cestillas.
c) Artesas.
d) Divisas.

3. En las reparaciones de albañilería, la herramienta que seleccionaremos para trabajos de acabado será:

a) Cortafrío.
b) Puntero.
c) Maceta.
d) Cincel.

4. ¿Qué material obtendremos si mezclamos cemento, agua, arena y grava?

a) Cemento Portland.
b) Hormigón.

c) Mortero.
d) Aglomerante.

5. ¿Qué cementos se utilizan en obras marítimas?

a) Puzolánicos.
b) Aluminosos.
c) Portland.
d) Siderúrgicos.

6. El tiralíneas es una herramienta que se utiliza para:

a) Medición y replanteo de obra.
b) Preparar.
c) Aplicación.
d) Limpieza.

7. La pieza que une el mango de la brocha con las cerdas se denomina:

a) Vitola.
b) Visera.
c) Virola.
d) Vinola.

8. Para pintar grandes superficies con pintura pura se utiliza:

a) Mango telescópico.
b) Pistola sin aire.
c) Pistola de aire comprimido.
d) Brocha.

9. Es una pintura barata que se puede utilizar en exteriores; con ella se pueden pintar las zonas menos nobles como son garajes, talleres, sótanos, etc.:

a) Pintura al cemento.
b) Pintura a la cal.
c) Pintura a la cola.
d) Pintura al silicato.

10. En un esmalte brillante cuanto más disolvente apliquemos más:

a) Resistente será.
b) Brillante será.
c) Reducirá el brillo.
d) Difícil será extenderlo.

11. ¿Qué tipo de barniz se utiliza para la protección temporal de carpintería de aluminio y otros objetos metálicos de hierro galvanizado, cromados, niquelados, etc.?

a) Barniz galvanizado.
b) Barniz pelable.
c) Barniz maleable.
d) Barniz nitrocelulósico.

12. ¿Cuál es el uso habitual del decapante en gel?

a) En superficies verticales.
b) En lugares de difícil acceso.
c) Para tabiques desmontables.
d) Sobre superficies plásticas.

13. Cuando se vuelva a utilizar pintura que haya quedado de un año para otro es conveniente:

a) Ligarla con agua.
b) Agitarla enérgicamente.
c) Filtrarla.
d) Desecharla.

14. Las rasquetas, raspadores, espátulas y raederas, que poseen hojas de acero, se recuperan con facilidad:

a) Sumergiéndolas en agua al menos 12 horas.
b) Pasando otra hoja de metal sobre ellas.
c) Añadiéndoles disolventes si fuera preciso.
d) Eliminando el polvo que haya podido quedar incrustado.

15. ¿Cómo se llama la herramienta que permite saber si hay tensión entre el conductor y la tierra?

a) Polímetro.
b) Tensiómetro.
c) Buscapolos.
d) Vástago.

16. ¿Qué tipo de alicates utilizaremos para agarre y plegado en ángulo recto de alambres y piezas de chapa?

a) De corte.
b) De puntas redondas.
c) De puntas planas.
d) De puntas acodadas.

17. ¿Qué tipo de aparato utilizaremos para comprobar la iluminación del ordenador?

a) Polímetro.
b) Voltímetro.
c) Vatímetro.
d) Luxómetro.

18. ¿Cuál es la unidad en la que se mide la intensidad de la corriente?

a) Ohmio.
b) Lux.
c) Voltio.
d) Amperio.

19. El aparato que sirve para medir la intensidad y el sentido de una corriente eléctrica que circula a través de una resistencia se llama:

a) Galvanómetro.
b) Óhmetro.
c) Amperímetro.
d) Voltímetro.

20. ¿Qué caracteriza al buscapolos?

a) Tiene la cabeza delgada y la punta acodada.
b) Lleva dos pinzas unidas por medio de un cable.
c) Tiene una pequeña lámpara de neón en el interior del mango transparente.
d) Es tipo estrella o cruciforme.

21. Si quisiéramos conocer la potencia consumida por un circuito eléctrico, deberíamos usar:

a) Voltímetro.
b) Vatímetro.
c) Pinza amperimétrica.
d) Polímetro.

22. ¿En qué tipo de alumbrado el nivel de iluminación nominal no se alcanza hasta después de transcurridos unos minutos?

a) Fluorescentes.
b) Bombillas.
c) Lámparas LED.
d) Lámparas de bajo consumo.

23. Pieza de material aislante con dos varillas metálicas, las cuales se introducen en las hembrillas del enchufe para establecer una conexión eléctrica:

a) Interruptor.
b) Clavija eléctrica.
c) Conductor eléctrico.
d) Enchufe.

24. La llave de paso que en posición abierta deja el paso del agua de forma total y en posición de cerrado cierra el paso herméticamente, se denomina:

a) De compuerta.
b) De escuadra.
c) Normal.
d) De empotrar cuello largo.

25. Los grifos que tienen una boquilla fija o móvil, por la cual puede pasar el agua caliente o fría, o también mezcladas si lo precisamos, se denominan:

a) Sencillos.
b) Dosificador termostático.
c) Mezcladores.
d) De dos palancas.

26. En la acometida o entrada general de agua en las viviendas, las tuberías suelen tener el siguiente diámetro de tubo:

a) 18 mm.
b) 22 mm.
c) 15 mm.
d) 20 mm.

27. Entre las siguientes afirmaciones sobre las tuberías de hierro, existe una que no es correcta:

a) El hierro negro está permitido para su uso en conducciones de agua potable.
b) Actualmente están prohibidas.
c) Son más difíciles de manipular.
d) Existen dos grupos de tuberías de hierro: negro y galvanizado.

28. La pasta hecha de tiza y aceite de linaza, usada para sujetar cristales es:

a) Masilla.
b) Silicona.
c) Pasta de papel.
d) Goma-espuma.

29. La herramienta que se utiliza para ensanchar o ampliar la boca de los tubos se conoce con el nombre de:

a) Abocinador.
b) Abocardador.
c) Mandril.
d) Curvadora.

30. Señala el nombre que reciben las herramientas que se utilizan para realizar roscas a mano para pernos, tornillos y otras piezas cilíndricas:

a) Terrazas.
b) Terrajas.
c) Tinajas.
d) Tenazas.

31. La llave que proporciona potencia de agarre sin arañar ni deformar los tubos de plástico o metal pulido, que se utiliza en tubos de plástico, filtros o cualquier superficie resbaladiza o lisa se denomina:

a) Llave dullan.
b) Tenazas para tubos.
c) Pico de loro.
d) Llave de cinta.

32. La llave que se caracteriza por tener un pivote en uno de sus extremos que se introduce en el chavetero o ranura de algunas tuercas especiales para aflojar o apretar estas se llama:

a) Stillson.
b) De medio punto.
c) Grip de cadena.
d) Grip de correa.

33. ¿Cuál de las siguientes afirmaciones se corresponde con la lezna?

a) Se utiliza solo para hacer pequeños agujeros en madera o para iniciar el atornillado de un tirafondo.
b) Es un instrumento para realizar pequeños agujeros en maderas, cueros, etc., con el objeto de que los tornillos agarren bien y no resbalen antes de usar el destornillador.
c) Es una herramienta en desuso debido a la proliferación de los taladros eléctricos y a los taladros o atornilladores de batería.
d) Es una barrena sin manija. Instrumento, generalmente de acero, para taladrar o hacer agujeros en superficies duras.

34. Son herramientas de corte y vaciado:

a) Formones, gubias y escoplos.
b) Cuchillas, garlopas y guillamen.
c) Escofinas, limas y papel de lija.
d) Serruchos, sierras y seguetas.

35. Señala cuál de las siguientes opciones se identifica con la siguiente defini-ción: "generalmente, esta máquina es una sierra portátil. Se trata de una máquina diseñada para realizar cortes en diferentes ángulos y biseles, con la que se pueden realizar cortes de precisión y calidad":

a) Sierras circulares.
b) Ingletadora.
c) Lijadora de banda.
d) Sierra de calar con empuñadura de pomo y de puente.

Solución al test n.º 1

1. b) Esparavel.

2. c) Artesas.

3. d) Cincel.

4. b) Hormigón.

5. a) Puzolánicos.

6. a) Medición y replanteo de obra.

7. c) Virola.

8. b) Pistola sin aire.

9. a) Pintura al cemento.

10. c) Reducirá el brillo.

11. b) Barniz pelable.

12. a) En superficies verticales.

13. c) Filtrarla.

14. b) Pasando otra hoja de metal sobre ellas.

15. c) Buscapolos.

16. c) De puntas planas.

17. d) Luxómetro.

18. d) Amperio.

19. a) Galvanómetro.

20. c) Tiene una pequeña lámpara de neón en el interior del mango transparente.

21. b) Vatímetro.

22. d) Lámparas de bajo consumo.

23. b) Clavija eléctrica.

24. a) De compuerta.

25. c) Mezcladores.

26. b) 22 mm.

27. a) El hierro negro está permitido para su uso en conducciones de agua potable.

28. a) Masilla.

29. b) Abocardador.

30. b) Terrajas.

31. d) Llave de cinta.

32. b) De medio punto.

33. b) Es un instrumento para realizar pequeños agujeros en maderas, cueros, etc., con el objeto de que los tornillos agarren bien y no resbalen antes de usar el destornillador.

34. a) Formones, gubias y escoplos.

35. b) Ingletadora.

TEST N.º 2

Interpretación básica de planos, esquemas y manuales utilizados en el puesto de trabajo de esta categoría profesional

1. ¿Qué tipo de escala es la más utilizada en construcción?

a) De reducción.
b) De ampliación.
c) Natural.
d) Todas son correctas.

2. Las tuberías de agua caliente se representan con:

a) Dos líneas paralelas.
b) Una línea continua.
c) Una línea discontinua.
d) Una línea alterna discontinua y continua.

3. El contador se representa con:

a)

b)

c)

d)

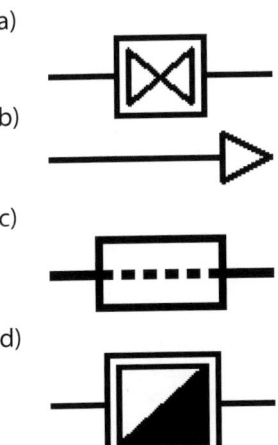

4. El grupo de presión se representa con:

a)

b)

c)

d)

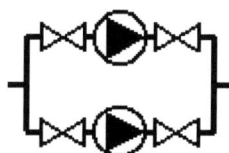

5. Cuando se representa un objeto de frente utilizamos la proyección:

a) De alzado.
b) De planta.
c) De perfil.
d) Lateral.

6. Las tuberías de agua fría se representan con:

a) Una línea discontinua.
b) Una línea alterna continua y discontinua.
c) Una línea continua.
d) Dos líneas paralelas.

7. La llave de paso general se representa con:

a)

b)

c)

d)

8. El filtro se representa con:

a)

b)

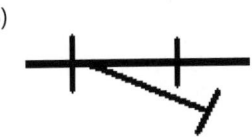

c)

d)

9. ¿Cuál de estas NO es un tipo de perspectiva?

a) Caballera.
b) Isométrica.
c) A mano alzada.
d) Cónica.

10. Para representar objetos pequeños con detalles emplearemos la escala:

a) Natural.
b) De reducción.
c) Básica.
d) De ampliación.

11. ¿Cuál es el propósito principal de los 'planos'?

a) Son un medio rápido de expresión gráfica a mano alzada.
b) Representan piezas aisladas o conjuntos de piezas relacionadas entre sí para dar una idea clara del funcionamiento.
c) Son la representación gráfica y exhaustiva de todos los elementos que plantea un proyecto, incluyendo toda la información necesaria para ejecutar la obra.
d) Muestran objetos tridimensionales en una superficie plana para recrear profundidad.

12. ¿Cómo se representa una "escala numérica"?

a) Mediante una regla con tres caras y seis escalas diferentes.
b) Por medio de dos números separados por dos puntos (1:25) o por una barra (1/25).
c) Dibujada a pie de plano, mostrando la relación entre la representación y la realidad.
d) Con líneas, cifras y signos que determinan las dimensiones de una pieza.

13. ¿Cuál es una característica clave de las "escalas de ampliación"?

a) Se utilizan principalmente en la construcción para reducir objetos grandes.
b) El dibujo coincide en medida con el objeto que representa (1/1).
c) Se utilizan para representar objetos pequeños con detalles que interesa precisar, como tornillos o arandelas.
d) Representan conjuntos urbanos y planos de carreteras.

14. ¿Qué es un "escalímetro" y cuántas escalas diferentes posee?

a) Es una regla plana que se cierra en forma de abanico y contiene diversas escalas, poseyendo tres escalas diferentes.
b) Es una regla de dos caras con cuatro escalas distintas para medir porciones de un plano.
c) Es una regla de tres caras, y en total posee seis escalas diferentes.
d) Es una representación gráfica de la escala dibujada a pie de plano, dividida en escala y contraescala.

15. ¿Cuál es la definición de "acotación"?

a) El proceso de trazar un dibujo sobre el papel para un corte específico.
b) El conjunto de líneas, cifras y signos indicados en un dibujo que determinan la forma y las dimensiones de una pieza.
c) La representación gráfica de un objeto tridimensional en dos dimensiones.
d) Los dibujos que representan piezas aisladas o conjuntos de piezas para dar una idea de su funcionamiento.

16. ¿Cuál es el propósito de las "líneas auxiliares de cota" en un dibujo?

a) Indicar el valor dimensional o una nota explicativa en los dibujos.
b) Determinar la forma y dimensiones de una pieza en conjunto con otras líneas y signos.

c) Parten del dibujo de forma perpendicular a la superficie a acotar y limitan la longitud de las líneas de cota.

d) Se utilizan para indicar las medidas y son paralelas a la superficie de la pieza.

17. ¿Cuál es la definición general de "esquemas"?

a) Representaciones gráficas exhaustivas de todos los elementos de un proyecto.

b) Dibujos que representan piezas aisladas o conjuntos de piezas relacionadas entre sí para dar una idea clara del funcionamiento o estructura.

c) Representaciones a mano alzada, rápidas y sin útiles de dibujo.

d) Formas de representar objetos tridimensionales en una superficie plana.

18. ¿Cómo se representa simbólicamente una "tubería de agua fría"?

a) Por una línea discontinua.

b) Por dos líneas paralelas.

c) Por una línea que se alterna entre continua y discontinua.

d) Por una línea continua.

19. ¿Cuáles son las características principales de un "croquis"?

a) Es una representación exhaustiva y precisa de un proyecto, siempre a escala.

b) Es un dibujo a mano alzada, rápido, limpio, claro y completo, realizado sin útiles de dibujo y no necesariamente a escala, pero con cierta proporción.

c) Un dibujo que representa objetos tridimensionales en una superficie plana con profundidad y posición.

d) Un conjunto de luces de diferentes colores que avisan de anomalías del vehículo.

20. ¿Qué tipo de perspectiva permite representar los objetos tal como los vemos, dependiendo de su situación en el espacio, y es la que más se aproxima a la visión real?

a) Perspectiva isométrica.

b) Perspectiva caballera.

c) Perspectiva cónica.

d) Perspectiva axial.

Solución al test n.º 2

1. a) De reducción.

2. c) Una línea discontinua.

3. d)

4. d)

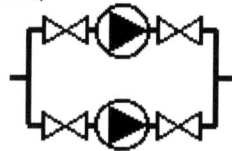

5. a) De alzado.

6. c) Una línea continua.

7. c)

8. b)

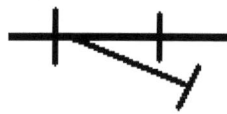

9. c) A mano alzada.

10. d) De ampliación.

11. c) Son la representación gráfica y exhaustiva de todos los elementos que plantea un proyecto, incluyendo toda la información necesaria para ejecutar la obra.

12. b) Por medio de dos números separados por dos puntos (1:25) o por una barra (1/25).

13. c) Se utilizan para representar objetos pequeños con detalles que interesa precisar, como tornillos o arandelas.

14. c) Es una regla de tres caras, y en total posee seis escalas diferentes.

15. b) El conjunto de líneas, cifras y signos indicados en un dibujo que determinan la forma y las dimensiones de una pieza.

16. c) Parten del dibujo de forma perpendicular a la superficie a acotar y limitan la longitud de las líneas de cota.

17. b) Dibujos que representan piezas aisladas o conjuntos de piezas relacionadas entre sí para dar una idea clara del funcionamiento o estructura.

18. d) Por una línea continua.

19. b) Es un dibujo a mano alzada, rápido, limpio, claro y completo, realizado sin útiles de dibujo y no necesariamente a escala, pero con cierta proporción.

20. c) Perspectiva cónica.

TEST N.º 3

Albañilería: nociones y operaciones básicas de reparación y mantenimiento

1. ¿Cómo se llama la operación que consiste en forrar muros y tabiques tanto en paramentos exteriores como en interiores?

a) Aplacado.
b) Encofrado.
c) Revestimiento.
d) Alicatado.

2. ¿Cómo se llama al compuesto de conglomerantes inorgánicos, agregados finos y agua, y posibles aditivos que sirven para pegar elementos de construcción tales como ladrillos, piedras, bloques de hormigón, etc.?

a) Mezcla.
b) Mortero.
c) Encofrante.
d) Lechada.

3. ¿Cuál de las siguientes prácticas está prohibida al realizar el encofrado y vertido del hormigón, según las recomendaciones técnicas?

a) Humedecer los encofrados de madera antes del vertido.
b) Utilizar productos desencofrantes adecuados que no dejen residuos.
c) Repartir el hormigón durante el vertido para evitar concentraciones de presión.
d) Verter el hormigón desde una altura considerable.

4. Un guarnecido completo consta de tres fases. Señala la que no corresponda:

a) Enfoscado.
b) Fraguado.
c) Enlucido.
d) Revoque.

5. ¿Qué tipo de herramienta se debe pasar al terminar el enfoscado para conseguir un acabado rugoso?

a) Fratás.
b) Llana.
c) Talocha.
d) Regla.

6. ¿Qué tipo de acabado se dará a un enfoscado que va a soportar un tipo de pintura rugosa?

a) Bruñido.
b) Rugoso.
c) Fratasado.
d) Fraguado.

7. ¿En qué consiste el revoque?

a) En extender una segunda capa de mortero de cemento, cal o de resinas sintéticas, de 0,5 a 1 cm de espesor, sobre el enfoscado.
b) En nivelar las irregularidades que presenta la superficie del paramento.
c) En dar una capa de mortero, elaborado con árido mucho más fino, y perfectamente alisado con la llana.
d) En revestir un paramento con una pasta compuesta por escayola o yeso blanco muy fino y polvo de mármol, amasados con agua en la que previamente se habrá disuelto una cierta cantidad de cola.

8. Señala cuál de los siguientes pavimentos continuos no está indicado para su aplicación en suelos que han de soportar cargas ligeras:

a) Con hormigón tratado superficialmente.
b) Con lechada bituminosa.
c) Con mortero sintético elástico.
d) Con engravillado.

9. ¿Cómo se llaman las juntas horizontales resultantes de la superposición que se realiza de ladrillos para la construcción de una pared?

a) Hiladas.
b) Tendeles.
c) Llagas.
d) Huellas.

10. ¿Qué es la "adaraja o enjarje"?

a) La disposición sobre cómo se colocan los ladrillos.
b) Los surcos que se realizan en las paredes, techos, etc.

c) Unos entrantes y salientes de una pared para asegurar la unión con otra, cuando se prosiga con la obra.

d) El proceso de revestimiento y protección de una pared.

11. Tienen función de evitar la filtración de agua por el suelo, e impedir que la humedad salga por los muros debido a las fuerzas capilares. Nos referimos a:

a) Las barreras capilares.
b) Las juntas impermeables.
c) Las juntas de dilatación.
d) Las cámaras de aire.

12. Si tenemos que eliminar el enyesado o revoque de una pared para sanearla, en caso que hayamos detectado humedad, lo primero que habrá que saber es:

a) Cómo ajustar tanto la fuerza como los materiales que se han de emplear para evitar deteriorar la pared oculta por la capa de yeso.

b) Cómo quitar las placas de revoque duro que se hayan quedado en la pared a medida que se desprendía la mayoría del mismo.

c) Cómo utilizar una rasqueta o un cepillo de cerdas metálicas para hacer desaparecer todas las irregularidades, así como las juntas y llagas de los ladrillos y los rastros de material, que pueden ser perjudiciales para posteriores trabajos.

d) El material del que se conforma el muro sobre el que va el revoque.

13. De los siguientes revestimientos, indica cuál de ellos no lleva un acabado de pintura:

a) Enlucido.
b) Chapado.
c) Enfoscado.
d) Guarnecido.

14. Indica qué tipo de producto usaría para la limpieza de un pavimento de mármol:

a) Lejía.
b) Detergente con bioalcohol.
c) Amoniaco.
d) Agua con cera.

15. La antigua forma de tratamiento superficial de todos los materiales pétreos para revestimientos de exteriores y otros trabajos artesanales y uno de los efectuados manualmente más utilizados se llama:

a) Albardado.
b) Estucado.

c) Abujardado.
d) Embastado.

16. ¿Cómo se denomina el revestimiento o segunda mano de revoque que se da a los muros realizados con material para que presenten una superficie unida y tersa?

a) Enlucido.
b) Enfoscado.
c) Enyesado.
d) Alicatado.

17. ¿Cuál es la principal función del alicatado en los paramentos?

a) Proporcionar soporte estructural a las paredes.
b) Servir como revestimiento decorativo y protector, especialmente en zonas húmedas.
c) Sustituir otros sistemas de aislamiento térmico.
d) Mejorar la acústica del interior de las estancias.

18. ¿Qué tipo de humedades son las que aparecen en las zonas bajas de los muros que absorben el agua del terreno a través de la cimentación, pueden ser permanentes, cuando el nivel freático del terreno está muy alto, o temporales, cuando están relacionadas con las condiciones meteorológicas?

a) Humedad de filtración.
b) Humedad de remonte capilar.
c) Humedad de condensación.
d) Humedad meteórica.

19. ¿Cuál es la principal misión de un peón de albañilería en relación con los materiales?

a) Realizar acabados de bruñido en enfoscados.
b) Diseñar los planos de la obra.
c) Saber hacer la mezcla para enfoscado, poner ladrillos, etc., y para alicatado y enlosado.
d) Desmontar los encofrados una vez fraguado el hormigón.

20. ¿Qué otra tarea se espera que realice un peón de albañilería?

a) Encargarse de la gestión de permisos de obra.
b) Supervisar la calidad de los materiales recibidos.
c) Realizar la apertura de zanjas por medio de un pico y una pala, y regolas mediante cincel y martillo.
d) Controlar el proceso de fraguado del hormigón en los encofrados.

21. ¿Qué se entiende por "tajo" en el ámbito de la albañilería?

a) Una herramienta para cortar materiales de construcción.
b) Un punto previamente marcado en un terreno que indicaba el final de la jornada laboral.
c) El área de almacenamiento de herramientas y materiales.
d) Un tipo de mortero utilizado en revestimientos.

22. ¿En qué consiste el encofrado?

a) En la aplicación de una capa de mortero sobre un paramento.
b) En la unión de elementos de construcción como ladrillos.
c) En moldear el hormigón por medio de maderas o chapas de metal, formando un molde que se rellena de hormigón.
d) En la instalación de elementos prefabricados de yeso.

23. ¿Qué condición debe cumplir un encofrado para evitar que la presión del hormigón fresco lo desarme?

a) Estar recubierto con productos desencofrantes especiales.
b) Deberá hacerse sólido.
c) Debe ser de madera y humedecerse previamente.
d) No tener clavos que sobresalgan al interior del hormigonado.

24. ¿Qué se debe hacer con los encofrados de madera para evitar que absorban el agua del hormigón?

a) Aplicarles una capa de gasóleo o grasa.
b) Humedecerlos previamente.
c) Asegurarse de que tengan hendiduras para que escurra el agua.
d) Rellenarlos con hormigón de forma muy lenta.

25. ¿Por qué es importante repartir el hormigón al verterlo en un encofrado y no depositar toda la masa en un solo punto?

a) Para acelerar el proceso de fraguado del hormigón.
b) Para evitar la segregación del agua y que la presión del hormigón se concentre sobre una parte determinada del encofrado.
c) Para facilitar el desencofrado una vez que el hormigón haya fraguado.
d) Para asegurar que el hormigón quede completamente liso en su superficie.

26. ¿Cuándo se debe realizar el desencofrado?

a) Inmediatamente después de verter el hormigón.
b) Una vez que el hormigón ha fraguado superficialmente.

c) No se realizará hasta que el hormigón haya alcanzado la resistencia necesaria para soportar los esfuerzos a que va a estar sometido.

d) Después de aplicar el revestimiento sobre el hormigón.

27. ¿Qué es la operación de revestimiento en albañilería?

a) La creación de zanjas y regolas en muros.

b) El proceso de moldeado del hormigón.

c) La operación de forrar muros y tabiques, tanto en paramentos exteriores como en interiores.

d) La preparación de mezclas de yeso y cemento blanco.

28. ¿Qué materiales se utilizaban tradicionalmente para el revestimiento de muros y tabiques en interiores?

a) Únicamente chapados metálicos.

b) Piedra natural sin recubrimiento.

c) Revoco de yeso en todas sus variantes, y ocasionalmente artesonado de madera.

d) Plásticos y vitrificados.

29. ¿Qué técnica de tratamiento superficial de materiales pétreos se describe como el golpeo repetido con un martillo con pequeños dientes piramidales?

a) El estucado.

b) El enlucido.

c) El abujardado.

d) El alicatado.

30. ¿Cuál es la composición del mortero?

a) Solamente cemento y agua.

b) Arena gruesa y aditivos para enfoscado.

c) Un compuesto de conglomerantes inorgánicos, agregados finos y agua, y posibles aditivos.

d) Principalmente yeso y fibras vegetales.

Solución al test n.º 3

1. c) Revestimiento.

2. b) Mortero

3. d) Verter el hormigón desde una altura considerable.

4. b) Fraguado.

5. d) Regla.

6. c) Fratasado.

7. a) En extender una segunda capa de mortero de cemento, cal o de resinas sintéticas, de 0,5 a 1 cm de espesor, sobre el enfoscado.

8. c) Con mortero sintético elástico.

9. b) Tendeles.

10. c) Unos entrantes y salientes de una pared para asegurar la unión con otra, cuando se prosiga con la obra.

11. b) Las juntas impermeables.

12. d) El material del que se conforma el muro sobre el que va el revoque.

13. b) Chapado.

14. d) Agua con cera.

15. c) Abujardado.

16. a) Enlucido.

17. b) Servir como revestimiento decorativo y protector, especialmente en zonas húmedas.

18. b) Humedad de remonte capilar.

19. c) Saber hacer la mezcla para enfoscado, poner ladrillos, etc., y para alicatado y enlosado.

20. c) Realizar la apertura de zanjas por medio de un pico y una pala, y regolas mediante cincel y martillo.

21. b) Un punto previamente marcado en un terreno que indicaba el final de la jornada laboral.

22. c) En moldear el hormigón por medio de maderas o chapas de metal, formando un molde que se rellena de hormigón.

23. b) Deberá hacerse sólido.

24. b) Humedecerlos previamente.

25. b) Para evitar la segregación del agua y que la presión del hormigón se concentre sobre una parte determinada del encofrado.

26. c) No se realizará hasta que el hormigón haya alcanzado la resistencia necesaria para soportar los esfuerzos a que va a estar sometido.

27. c) La operación de forrar muros y tabiques, tanto en paramentos exteriores como en interiores.

28. c) Revoco de yeso en todas sus variantes, y ocasionalmente artesonado de madera.

29. c) El abujardado.

30. c) Un compuesto de conglomerantes inorgánicos, agregados finos y agua, y posibles aditivos.

TEST N.º 4

Pintura: nociones y operaciones básicas de preparación de superficies y aplicación

1. Si queremos pintar ángulos o rincones de una gran superficie, utilizaremos:

a) Almohadilla.
b) Pistola.
c) Rodillo.
d) Brocha.

2. ¿Cómo se llama la técnica de pintura que se obtiene mezclando polvo de tiza y pintura acrílica para dar a la pared un efecto agrietado?

a) Estucado.
b) Craquelado.
c) Trapeado.
d) Lacado.

3. Técnica en la que se aplica primero una capa de pintura, antes de que seque se pasa un trapo, después se hacen líneas con un pincel fino para hacer efecto de vetas y por último, se difuminan las líneas con una brocha. Nos referimos al:

a) Lacado.
b) Patinas.
c) Bruñido.
d) Marmolado.

4. A la hora de preparar el soporte donde se va a pintar, eliminar los restos de capa de un antiguo recubrimiento que se halla en mal estado por medio de calor o acciones químicas se denomina:

a) Decapado.
b) Rascado.
c) Lavado.
d) Desengrasado.

5. Debemos tener en cuenta algunas pautas para pintar. De manera general, no se pintará:

a) De abajo hacia arriba.
b) Primero el techo.
c) Si está lloviendo.
d) Empezando por la pared de la ventana.

6. Las pinturas al aceite, esmalte oleosintéticos y sintéticos secan por:

a) Secado físico.
b) Secado químico.
c) Secado por oxidación.
d) Secado artificial.

7. Para resolver el problema de las señales de brochazos sobre la pintura es preciso:

a) Lijar la superficie y darle una capa muy fina.
b) Dar varias capas para lograr igualar la superficie.
c) Extender una capa gruesa de pintura.
d) Repasar la pintura cuando aún no está totalmente seca.

8. ¿A qué se debe que, conforme se realiza el trabajo de pintura, pueden aparecer películas elásticas que se mezclan con ella?

a) El paramento no está bien alisado.
b) El paramento posee humedades o filtraciones.
c) Se carga en exceso el pincel o el rodillo.
d) La pintura ha estado expuesta al aire.

9. Cuando la pintura no se extiende de forma uniforme puede deberse a varias razones. Señala la que no corresponda:

a) Uso excesivo de diluyente.
b) Falta de homogeneización de la pintura.
c) Poca calidad de la pintura empleada.
d) Presencia de agua en los útiles de trabajo.

10. Para pintar techos de pequeño tamaño se utilizará preferentemente:

a) Pistola.
b) Brocha redonda y gruesa.
c) Rodillo.
d) Almohadilla.

11. ¿Qué tipo de restos de pintura eliminaremos con cepillo de púas y rasqueta?

a) Temple.
b) Gotelé.
c) Plástica.
d) Cal.

12. Para pintar fachadas exteriores procederemos:

a) De abajo a arriba.
b) Desde la zona más cercana a la puerta.
c) Por arriba y en sentido horizontal.
d) Formando ángulos rectos para solapar cada pasada.

13. ¿Cómo se debe limpiar una superficie plástica que se prepara para la imprimación?

a) Con agua y jabón.
b) Con disolvente.
c) Con lejía.
d) Con dispersante.

14. Para la limpieza de pinturas al silicato y al cemento, se utilizará:

a) Bayetas secas o un plumero.
b) Un cepillo suave con agua abundante.
c) Bayeta húmeda con agua jabonosa.
d) Detergente no agresivo.

15. Al pintar una superficie extensa, ¿cómo realizará el trabajo?

a) Primero zócalos, paredes y, finalmente, techos.
b) De arriba hacia abajo y de derecha a izquierda (diestros).
c) Primero paredes, luego techos.
d) Siempre de izquierda a derecha para evitar que la pintura gotee sobre una zona ya pintada.

16. ¿Con qué técnica se trata de esparcir pintura al temple más espesa de lo habitual, de tal manera que durante su aplicación aparezcan gotas o grumos de material que produzcan una superficie final de acabado grumoso?

a) Estucado.
b) Craquelado.
c) Trapeado.
d) Gotelé.

17. ¿Qué tipo de técnica se utilizará para decorar muebles consiguiendo un aspecto envejecido de estos?

a) Trapeado.
b) Esponjado.
c) Brocha seca.
d) Craquelado.

18. Es una técnica de pintura que consiste en un acabado efecto agua o incluso efecto amarmolado:

a) Lacado.
b) Pátinas.
c) Bruñido.
d) Marmolado.

19. ¿Qué debemos hacer para que, una vez aplicado el estuco a una pared, aparezca un acabado brillante?

a) Bruñir.
b) Lacar.
c) Espatular.
d) Encerar.

20. La primera capa con la que se impregna el soporte y se emplea para obtener la adherencia necesaria y para evitar la corrosión del metal se llama:

a) Imprimación.
b) Decapado.
c) Rascado.
d) Lacado.

21. ¿Cuál es la solución para eliminar las películas elásticas que puedan aparecer mezcladas con la pintura?

a) Cerrar el recipiente y agitar nuevamente.
b) Lijar la pared.
c) Descarnar la pintura y volver a empezar.
d) Filtrar la pintura para eliminar impurezas y limpiar bien los pinceles.

22. Cuando aparecen grietas o fisuras en la pintura, puede deberse a que:

a) La pintura ha sido expuesta a altas temperaturas.
b) El paramento no está bien alisado.
c) La pintura ha estado expuesta al aire.
d) La pintura empleada es de poca calidad.

23. En el pintado de superficies totalmente nuevas, lo primero que se debe hacer es:

a) Esperar a que seque la capa de imprimación.
b) Eliminar todo resto y rastro de cemento, yeso, óxido, calamina y recubrimiento de tipo graso.
c) Comenzar con una brocha por las zonas de difícil acceso.
d) Rellenar las grietas y desperfectos.

24. ¿Qué tipo de pintura se elimina con agua en abundancia, aplicada por medio de una brocha, rodillo etc?

a) Cal.
b) Plástica.
c) Oleosa.
d) Temple.

25. ¿Qué tipo de recubrimiento se puede usar, en sitios donde la estética no sea importante, y que ejerce una verdadera acción química contra el óxido, se adapta muy bien a metales porosos o a estructuras que han de estar en contacto con el agua y nunca se debe pintar sobre ella puesto que esta atraviesa la capa de pintura alterando su color?

a) Minio rojo.
b) Minio gris.
c) Brea.
d) Químico.

26. Las pinturas plásticas, esmaltes, barnices, etc., se pueden limpiar con:

a) Disolvente.
b) Un cepillo suave con agua abundante.
c) Bayeta húmeda con agua jabonosa.
d) Detergente abrasivo.

27. ¿Cada cuánto tiempo necesitan un repintado las pinturas plásticas, esmaltes y barnices?

a) Cada dos años.
b) Cada cinco años.
c) Anualmente.
d) Cada cuatro años.

28. ¿Cuál de las siguientes afirmaciones sobre el minio rojo es correcta?

a) El minio rojo puede aplicarse únicamente con pistola de proyección.
b) El minio rojo debe aplicarse en exteriores, incluso con lluvia, para un mejor secado.
c) El minio rojo forma una película rígida que permite usar cualquier tipo de pintura.
d) El minio rojo debe aplicarse correctamente para cubrir toda la pieza y evitar el contacto con humedad durante el secado.

29. ¿Para qué se utiliza la rasqueta en la preparación para pintar?

a) Para mezclar la pintura.
b) Para aplicar la pintura en superficies amplias.
c) Para eliminar restos de pintura y suciedad de las paredes.
d) Para alisar la superficie antes del emplastecido.

30. ¿Cuál es la función principal del cubo en los trabajos de pintura?

a) Medir la cantidad de pintura necesaria.
b) Recipiente en el que se transporta y guarda la pintura, así como para realizar las mezclas.
c) Limpiar las herramientas después de usarlas.
d) Soportar el rodillo durante la aplicación.

31. ¿Para qué se emplea el papel de lija en la preparación de superficies antes de pintar?

a) Para darle textura a la pintura.
b) Para proteger las áreas que no se van a pintar.
c) Para alisar y preparar las superficies.
d) Para limpiar manchas de humedad.

32. ¿Qué se entiende por "emplastecer" en el contexto de la pintura?

a) Aplicar una capa de imprimación sobre el metal.
b) Aplicar pasta sobre una superficie para tapar orificios o grietas y dejar una superficie lisa.
c) Diluir la pintura para una mejor aplicación.
d) Darle un acabado brillante a la superficie.

33. Para asegurar una buena adherencia del nuevo revestimiento, ¿qué condición fundamental deben cumplir las paredes antes de ser pintadas?

a) Deben tener una capa antigua de temple.
b) Es recomendable que estén ligeramente húmedas.
c) Deben estar limpias y secas, sin polvo, ni grasa, ni humedad, ni moho, y sin pintura en mal estado.
d) Pueden tener pequeñas grietas o desconchados.

34. Si la capa antigua de pintura es de temple, ¿qué paso es indispensable antes de aplicar una nueva pintura?

a) Lijarla y limpiar el polvo.
b) Aplicar directamente una nueva capa de pintura.
c) Eliminarla en su totalidad mediante raspado o rascado y luego aplicar una imprimación.
d) Humedecerla ligeramente para facilitar la adherencia.

35. ¿Cómo se clasifican los diferentes tipos de pinturas?

a) Por el método de aplicación (brocha, rodillo).
b) Por el tiempo de secado.
c) Según el aglomerante que las compone.
d) Por su resistencia a la humedad.

Solución al test n.º 4

1. d) Brocha.

2. b) Craquelado.

3. d) Marmolado.

4. a) Decapado.

5. c) Si está lloviendo.

6. c) Secado por oxidación.

7. a) Lijar la superficie y darle una capa muy fina.

8. d) La pintura ha estado expuesta al aire.

9. c) Poca calidad de la pintura empleada.

10. b) Brocha redonda y gruesa.

11. d) Cal.

12. c) Por arriba y en sentido horizontal.

13. a) Con agua y jabón.

14. b) Un cepillo suave con agua abundante.

15. b) De arriba hacia abajo y de derecha a izquierda (diestros).

16. d) Gotelé.

17. c) Brocha seca.

18. b) Pátinas.

19. a) Bruñir.

20. a) Imprimación.

21. d) Filtrar la pintura para eliminar impurezas y limpiar bien los pinceles.

22. d) La pintura empleada es de poca calidad.

23. b) Eliminar todo resto y rastro de cemento, yeso, óxido, calamina y recubrimiento de tipo graso.

24. d) Temple.

25. c) Brea.

26. c) Bayeta húmeda con agua jabonosa.

27. b) Cada cinco años.

28. d) El minio rojo debe aplicarse correctamente para cubrir toda la pieza y evitar el contacto con humedad durante el secado.

29. c) Para eliminar restos de pintura y suciedad de las paredes.

30. b) Recipiente en el que se transporta y guarda la pintura, así como para realizar las mezclas.

31. c) Para alisar y preparar las superficies.

32. b) Aplicar pasta sobre una superficie para tapar orificios o grietas y dejar una superficie lisa.

33. c) Deben estar limpias y secas, sin polvo, ni grasa, ni humedad, ni moho, y sin pintura en mal estado.

34. c) Eliminarla en su totalidad mediante raspado o rascado y luego aplicar una imprimación.

35. c) Según el aglomerante que las compone.

TEST N.º 5

Electricidad: nociones y operaciones básicas de mantenimiento y reparación

1. ¿Qué evidencias percibiremos cuando exista una avería debida a la conexión defectuosa de la reactancia, que habrá que comprobar, o bien a que la reactancia es inadecuada, por lo que habrá que sustituirla por otra de potencia acorde con el tubo fluorescente?

a) Los bornes zumban produciendo ruido.
b) El tubo no enciende.
c) La luz parpadea.
d) Los extremos del tubo se ponen negros.

2. Indica cuál de los siguientes no es un tipo de fusible:

a) De plaqueta.
b) De vástago.
c) De cartucho.
d) De tapón.

3. Los enchufes que sirven para conectar aparatos y están dotados de equipo para toma de tierra, ¿cuántos bornes presentan?

a) Uno.
b) Dos.
c) Tres.
d) Cuatro.

4. Para sustituir un portalámparas defectuoso es necesario, en primer lugar:

a) Desatornillar los terminales de los conductores.
b) Reemplazar la reactancia.
c) Desenroscar la bombilla y quitarla de la base.
d) Desenroscar el aro de porcelana y la funda metálica para acceder a la base.

5. ¿Cómo se llama el interruptor que desconecta automáticamente la instalación en caso de producirse una derivación de algún aparato o en algún punto de instalación?

a) IAD.
b) ICP.
c) PIA.
d) IPC.

6. Los elementos metálicos (generalmente de cobre) que siempre estarán recubiertos con material protector (aislante) destinados a transportar la energía eléctrica, se denominan:

a) Interruptores.
b) Conductores eléctricos.
c) Cajas de registros.
d) Empalmes.

7. ¿Cómo se llama la protección principal de cualquier instalación eléctrica?

a) ICP.
b) IGA.
c) Cuadro General de Mando.
d) Interruptor Diferencial.

8. Tiene como función la de controlar la potencia que consume la línea, desconectándose cuando la potencia consumida sea superior a la contratada:

a) ICP.
b) IAD.
c) IGA.
d) UVA.

9. En un circuito eléctrico, ¿qué cable corresponde con la toma de tierra?

a) Negro.
b) Marrón.
c) Amarillo con una franja verde.
d) Azul.

10. Un cortocircuito se produce cuando:

a) El cable de alimentación y el de retorno de un aparato entran en contacto.
b) El cable de retorno entra en contacto con otro cable de retorno.
c) El circuito eléctrico funciona de manera ininterrumpida.
d) No existe cable de retorno.

11. En un enchufe, si se observa que la carcasa que recubre los bornes tiene algún tipo de deformación o señal de que se ha incendiado parcialmente debido a un cortocircuito (el plástico quemado), se deberá cambiar:

a) La fase.
b) La base.
c) El neutro.
d) Los bornes.

12. El elemento de seguridad en el circuito eléctrico, que representa un punto débil para la corriente, y que, en caso de sobrecarga, se rompe y la instalación queda a salvo, se llama:

a) Cartucho.
b) Fusible.
c) Interruptor.
d) Enganche.

13. Cuando se produce una derivación en cualquiera de los circuitos, el interruptor automático diferencial (IAD) "salta" automáticamente, cortando el paso de corriente a la instalación. Si esto sucede, lo primero que debemos hacer es:

a) Conectar de nuevo y de uno en uno, todos los PIA.
b) Dejar desconectado el circuito.
c) Desconectar todos los pequeños interruptores automáticos (PIA) y conectar el interruptor automático diferencial (IAD).
d) Insistir en conectar los pequeños interruptores automáticos (PIA) hasta que el diferencial no se dispare.

14. ¿Cómo se llama la clavija en la que todos sus componentes aparecen rodeados de un plástico endurecido y que, en caso de rotura, no tiene posibilidad de arreglo?

a) Clavija bifase.
b) Clavija desmontable.
c) Clavija integral.
d) Clavija normalizada.

15. Las fases y neutro de la línea general de alimentación serán:

a) De cobre, unipolares con tensión asignada de 450/750 V.
b) De aluminio, unipolares con tensión asignada de 450/750 V.
c) De cobre, aluminio, unipolares y aisladas de tensión 0,6/1 kV.
d) De cobre, unipolar y aislada con tensión asignada de 0,6/1 kV.

16. La función de una clavija es:

a) Interrumpir el circuito eléctrico.
b) Conectar el circuito eléctrico.
c) Conducir la electricidad.
d) Conectar un aparato eléctrico a las tomas de corrientes fijas.

17. ¿Cuántos PIAs (Pequeños Interruptores Automáticos) debe tener una instalación?

a) Un número mayor que el IGA.
b) Los mismos que el número de circuitos independientes.
c) Un número siempre menor que interruptores diferenciales.
d) Ninguno si no es necesario.

18. ¿Cómo se pueden disipar todas las sobreintensidades de origen atmosférico en una instalación?

a) Con la toma de tierra.
b) Con PIA.
c) Con el interruptor diferencial.
d) Con el interruptor control de potencia (ICP).

19. Los elementos de unión que mediante tornillos o presión unen los conductores eléctricos, se llaman:

a) Contadores.
b) Pletinas.
c) Bornes.
d) Caja de conexiones.

20. ¿Cuál de las siguientes afirmaciones sobre el funcionamiento de los fusibles es correcta?

a) El fusible se puede rearmar manualmente después de una sobrecarga.
b) El fusible permite el paso de corriente incluso cuando se funde.
c) El fusible interrumpe el circuito al fundirse por exceso de corriente.
d) El fusible regula el voltaje de la instalación.

21. Una instalación eléctrica es un conjunto de aparatos y circuitos asociados con un fin particular. ¿Qué finalidades se incluyen en esta definición?

a) Solo producción y distribución de energía eléctrica.
b) Únicamente conversión y transmisión de la energía eléctrica.
c) Producción, conversión, transformación, transmisión, distribución o utilización de la energía eléctrica.
d) Exclusivamente la utilización de la energía eléctrica.

22. ¿Cuál es el límite máximo de tensión nominal para las instalaciones de corriente alterna de baja tensión?

a) 50 voltios.
b) 1.000 voltios.
c) 1.500 voltios.
d) 500 voltios.

23. ¿Qué frecuencia se utiliza normalmente en la red eléctrica?

a) 60 Hz.
b) 50 Hz.
c) 100 Hz.
d) 25 Hz.

24. ¿Cómo se define un suministro de socorro?

a) Un suministro capaz de mantener un servicio mayor del 50% de la potencia total contratada para el suministro normal.
b) Un suministro dedicado a mantener un servicio restringido de elementos indispensables, con una potencia mínima del 25% de la potencia total contratada.
c) Un suministro limitado a una potencia receptora mínima equivalente al 15% del total contratado para el suministro normal.
d) Un suministro que parte del mismo transformador pero con línea de distribución independiente.

25. ¿Qué se denomina acometida en una instalación eléctrica?

a) La parte de la instalación que enlaza una caja general de protección con las derivaciones individuales.
b) La parte de la instalación de la red de distribución que alimenta la caja o cajas generales de protección.
c) La parte de la instalación que comprende los aparatos de medida, mando y protección del abonado.
d) Las instalaciones que, alimentadas por una red de distribución, tienen como finalidad principal la utilización de la energía eléctrica.

26. ¿Qué elementos se incluyen en las instalaciones de enlace?

a) Exclusivamente la acometida y la línea general de alimentación.
b) Solo la caja general de protección y las instalaciones interiores.
c) Caja general de protección, línea general de alimentación, elementos para contadores, derivación individual, caja para interruptor de control de potencia, y dispositivos generales de mando y protección.
d) Únicamente las derivaciones individuales y los aparatos de medida.

27. ¿Cómo se caracteriza el flujo de corriente en un circuito de corriente alterna (CA)?

a) Es un flujo continuo de electrones siempre en el mismo sentido.
b) Varía periódicamente de dirección.
c) Se genera a partir de cargas positivas que se desplazan desde el polo positivo al negativo.
d) Siempre tiene el mismo signo y un sentido constante.

28. ¿A qué se refiere la electricidad estática?

a) Al movimiento constante de electrones a través de un conductor.
b) A la energía generada por un alternador.
c) Al exceso de carga eléctrica que acumulan determinados materiales, generalmente por rozamiento.
d) A la corriente que transporta una carga eléctrica de un culombio en un segundo.

29. ¿Cuál es la función principal de un fusible en un circuito eléctrico?

a) Amplificar la corriente para evitar sobrecargas.
b) Conectar y desconectar un aparato de la red eléctrica.
c) Interrumpir rápidamente la corriente al fundirse un hilo cuando se alcanzan valores elevados, previniendo averías.
d) Regular la tensión para mantenerla constante.

30. ¿De qué color se identifica comúnmente el cable de tierra en una instalación eléctrica?

a) Azul.
b) Marrón o negro.
c) Verde-amarillo.
d) Blanco.

Solución al test n.º 5

1. a) Los bornes zumban produciendo ruido.

2. b) De vástago.

3. c) Tres.

4. d) Desenroscar el aro de porcelana y la funda metálica para acceder a la base.

5. a) IAD.

6. b) Conductores eléctricos.

7. b) IGA.

8. a) ICP.

9. c) Amarillo con una franja verde.

10. a) El cable de alimentación y el de retorno de un aparato entran en contacto.

11. b) La base.

12. b) Fusible.

13. c) Desconectar todos los pequeños interruptores automáticos (PIA) y conectar el interruptor automático diferencial (IAD).

14. c) Clavija integral.

15. c) De cobre, aluminio, unipolares y aisladas de tensión 0,6/1 kV.

16. d) Conectar un aparato eléctrico a las tomas de corrientes fijas.

17. b) Los mismos que el número de circuitos independientes.

18. a) Con la toma de tierra.

19. c) Bornes.

20. c) El fusible interrumpe el circuito al fundirse por exceso de corriente.

21. c) Producción, conversión, transformación, transmisión, distribución o utilización de la energía eléctrica.

22. b) 1.000 voltios.

23. b) 50 Hz.

24. c) Un suministro limitado a una potencia receptora mínima equivalente al 15% del total contratado para el suministro normal.

25. b) La parte de la instalación de la red de distribución que alimenta la caja o cajas generales de protección.

26. c) Caja general de protección, línea general de alimentación, elementos para contadores, derivación individual, caja para interruptor de control de potencia, y dispositivos generales de mando y protección.

27. b) Varía periódicamente de dirección.

28. c) Al exceso de carga eléctrica que acumulan determinados materiales, generalmente por rozamiento.

29. c) Interrumpir rápidamente la corriente al fundirse un hilo cuando se alcanzan valores elevados, previniendo averías.

30. c) Verde-amarillo.

TEST N.º 6

Fontanería: nociones y operaciones básicas de mantenimiento y reparación

1. La soldadura de tubos de cobre que se realiza con aglutinantes y funden a más de 700º C se denomina:

a) Soldadura blanda.
b) Soldadura por capilaridad.
c) Soldadura fuerte.
d) Soldadura en frío.

2. ¿Qué tipo de herramienta utilizaremos para el corte de tubos de PVC?

a) Cortatubos.
b) Racores de compresión de arandelas de plástico.
c) Tijeras de corte.
d) Cualquier tipo de sierra.

3. Para desatascar los bajantes, lo mejor es desmontarlos de su conexión con canalones y arquetas y proceder a su desembozado mediante el sistema de:

a) Uso de ventosas.
b) Varillado.
c) Uso de desatascadores químicos.
d) Uso de paleta apropiada.

4. Una de las medidas provisionales de urgencia que podemos tomar en la reparación de escapes y reventones de tuberías es:

a) Cortar la sección donde esté la fisura e insertar una nueva sección del mismo grosor y material, enroscada mediante dos racores.
b) Si el escape se produce en un racor que soporta una elevada presión, desmontarlo y envolver la rosca en cinta de teflón.

c) Cubrir la zona de fuga, agujero o grieta, con una tira de goma plástica sujeta mediante abrazaderas de tornillos bien apretadas.

d) Cortar la tubería a ambos lados de la fuga a una distancia de 2 cm. de longitud para intercalar un racor a presión, comprimiéndolo entre las dos bocas de tubería y ajustándolo mediante el giro opuesto de dos llaves.

5. Los malos olores procedentes de los desagües se deben de detener mediante los sifones. ¿Qué forma debería tener un sifón para mantener un nivel permanente de agua que choque contra los malos olores?

a) P.
b) Z.
c) S.
d) Las respuestas a) y c) son correctas.

6. La parte de la cisterna que impide que siga entrando agua cuando la cisterna o depósito están llenos es:

a) Válvula de charnela.
b) Válvula del flotador.
c) Sifón.
d) Palanca de descarga.

7. ¿Cuál es el procedimiento correcto para descongelar una tubería bloqueada por hielo?

a) Cerrar el grifo más cercano y aplicar agua fría a la tubería.
b) Abrir el grifo más próximo y calentar la tubería desde la punta más cercana al grifo hacia atrás.
c) Aplicar directamente calor en cualquier parte de la tubería sin abrir grifos.
d) Romper la tubería para eliminar el hielo.

8. ¿Cuál es una de las principales responsabilidades del oficial 2ª en trabajos de fontanería?

a) Realizar instalaciones completas de aparatos sanitarios y tuberías.
b) Encargarse de reparaciones urgentes y apoyar al oficial en sus tareas.
c) Diseñar el sistema general de la red de distribución de agua del edificio.
d) Supervisar y certificar las instalaciones nuevas de fontanería.

9. ¿Cuál de las siguientes afirmaciones describe correctamente la distribución del agua en un edificio?

a) La red de agua fría y la de agua caliente se distribuyen en paralelo y ambas coinciden en la red de desagüe.
b) La red de agua caliente se conecta directamente a la tubería principal sin control.

c) La red de desagüe está hecha principalmente de cobre o acero galvanizado.

d) La llave de paso y el contador se encuentran en la red de desagüe para controlar el agua sucia.

10. Uno de los materiales muy utilizados en la construcción, sobre todo por su versatilidad, es el PVC. Señala el nombre completo al que corresponden estas siglas:

a) Policloruro de vinilo.
b) Polietielino versátil clorado.
c) Policloruro.
d) Plástico varios colores.

11. Para ajustar y sujetar tubos de fontanería emplearemos:

a) La llave allen.
b) La llave inglesa.
c) La llave grifa.
d) La llave escuadra.

12. Hoy en día, las canalizaciones de desagüe se hacen en material de:

a) Hormigón.
b) PVC.
c) Hierro.
d) Plomo.

13. ¿Para qué sirve un sifón?

a) Para evitar los malos olores.
b) Para cortar el agua.
c) Para evitar escape de agua.
d) Para cerrar el paso al agua del desagüe.

14. ¿Qué es lo primero que hay que hacer ante una fuga de agua?

a) Llamar a los bomberos.
b) Poner toallas.
c) Cerrar la llave de paso.
d) Llamar al servicio de limpieza.

15. Las purgas de aire tratan de:

a) Conocer la presión del agua de la tubería.
b) Conocer la temperatura a la presión de tubería del agua.
c) Insertar las burbujas de aire en las tuberías.
d) Eliminar las burbujas de aire en las tuberías.

16. ¿Qué regulación principal aplica a las instalaciones de suministro de agua en edificios?

a) La Norma Española de Saneamiento (NES).
b) El Reglamento de Instalaciones Térmicas en Edificios (RITE).
c) La Exigencia Básica HS-4 (Suministro de agua) del Código Técnico de Edificación.
d) La Directriz Europea de Agua Potable (DEAP).

17. Una red con contador general único está compuesta por la acometida, la instalación general y ¿qué otro elemento?

a) Las instalaciones particulares.
b) El grupo de presión.
c) Las derivaciones colectivas.
d) Los contadores aislados.

18. ¿Cuál es la distancia mínima recomendada entre las tuberías de agua fría y las de agua caliente sanitaria o calefacción?

a) 10 cm.
b) 2 cm.
c) 4 cm.
d) 15 cm.

19. ¿Cuál es la función principal de una llave de paso en una instalación de agua?

a) Medir el consumo de agua.
b) Interrumpir el suministro en una parte de la instalación para reparaciones o uso limitado.
c) Reducir la presión del agua en el sistema.
d) Evitar el retorno de agua contaminada a la red.

20. ¿Qué aparato se encarga de reducir y estabilizar la presión del agua cuando es excesiva, colocándose a la salida del contador?

a) Una válvula de retención.
b) Un reductor de presión.
c) Un filtro de instalación general.
d) Un grifo de prueba.

21. ¿Cuáles son los dos tipos principales de esquemas generales de instalación de suministro de agua que contempla la HS-4?

a) Red con grupo de presión y red por gravedad.
b) Red con contador general único y red con contadores aislados.

c) Red de agua fría y red de agua caliente.
d) Red de aguas residuales y red de aguas pluviales.

22. ¿Qué tipo de tuberías se describen como flexibles, resistentes a altas temperaturas y presiones, y requieren herramientas específicas para su instalación?

a) Tuberías de cobre.
b) Tuberías de PVC.
c) Tuberías de polietileno reticulado (PEX).
d) Tuberías multicapa (PEX-AL-PEX).

23. La soldadura blanda se aplica para la unión de tuberías de cobre que transportan agua. ¿Qué materiales se utilizan en este proceso?

a) Arco eléctrico y electrodo.
b) Gas y varillas de aportación.
c) Soplete y estaño.
d) Llama de oxicorte y latón.

24. Según el Código Técnico de la Edificación, ¿qué color identifica las tuberías de agua potable para consumo humano?

a) Gris o negro.
b) Rojo o naranja.
c) Marrón o blanco.
d) Azul o verde oscuro.

25. ¿Cuál es la función principal de un sifón en una instalación de fontanería?

a) Regular el caudal del agua.
b) Medir la presión del agua.
c) Evitar que los malos olores del sistema de saneamiento suban a las viviendas.
d) Filtrar las impurezas del agua.

Solución al test n.º 6

1. c) Soldadura fuerte.

2. d) Cualquier tipo de sierra.

3. b) Varillado.

4. c) Cubrir la zona de fuga, agujero o grieta, con una tira de goma plástica sujeta mediante abrazaderas de tornillos bien apretadas.

5. d) Las respuestas a) y c) son correctas.

6. b) Válvula del flotador.

7. b) Abrir el grifo más próximo y calentar la tubería desde la punta más cercana al grifo hacia atrás.

8. b) Encargarse de reparaciones urgentes y apoyar al oficial en sus tareas.

9. a) La red de agua fría y la de agua caliente se distribuyen en paralelo y ambas coinciden en la red de desagüe.

10. a) Policloruro de vinilo.

11. c) La llave grifa.

12. b) PVC.

13. a) Para evitar los malos olores.

14. c) Cerrar la llave de paso.

15. d) Eliminar las burbujas de aire en las tuberías.

16. c) La Exigencia Básica HS-4 (Suministro de agua) del Código Técnico de Edificación.

17. c) Las derivaciones colectivas.

18. c) 4 cm.

19. b) Interrumpir el suministro en una parte de la instalación para reparaciones o uso limitado.

20. b) Un reductor de presión.

21. b) Red con contador general único y red con contadores aislados.

22. d) Tuberías multicapa (PEX-AL-PEX).

23. c) Soplete y estaño.

24. d) Azul o verde oscuro.

25. c) Evitar que los malos olores del sistema de saneamiento suban a las viviendas.

TEST N.º 7

Sistemas de calefacción y agua caliente sanitaria: nociones y operaciones básicas de mantenimiento y reparación

1. ¿Cuál de los siguientes es un combustible líquido?

a) Gas propano.
b) Carbón.
c) Gasóleo C.
d) Gas butano.

2. No es un aparato emisor:

a) El radiador.
b) El fan-coil.
c) El termo.
d) El convector.

3. ¿Qué se entiende por purgar el aire?

a) Introducir aire en las tuberías.
b) Meter cierto tipo de pulgas en las instalaciones.
c) Limpiar las tuberías por fuera.
d) Evitar que las burbujas de aire hagan que las tuberías pierdan sección de paso y que se produzcan fenómenos de sobrepresión.

4. ¿Cuándo funciona correctamente una caldera?

a) Cuando la cadera sea de gas, que las llamas del mechero o quemador sean de color azulado.
b) Total ausencia de olores.
c) Que produzcan calefacción y agua caliente sanitaria cuando se le demande.
d) Todas las respuestas anteriores son correctas.

5. ¿De qué material son los radiadores?

a) De hierro fundido.
b) De cobre.
c) De chapa de acero.
d) Las respuestas a) y c) son correctas.

6. ¿Existen purgadores automáticos?

a) Sí.
b) No.
c) Depende del precio de la instalación.
d) Depende del país donde se adquiera.

7. ¿En qué consisten los purgadores manuales?

a) En sacar el aire con la mano.
b) En sacar el aire con un filtro.
c) En maniobrar el tornillo de su extremo para abrir la salida que lleva este, dejando salir el aire hasta que sale el agua.
d) Depende del tamaño del radiador.

8. ¿Existen radiadores de aluminio?

a) Sí.
b) No.
c) Depende de la zona geográfica.
d) Depende de la estación del año.

9. Dilatadores en forma de U en las instalaciones de calefacción que utilizan la propia tubería en las conducciones rectas para absorber las dilataciones por cambios de temperatura:

a) Dilatadores de lira.
b) Dilatadores de fuelle.
c) Dilatadores de tambor.
d) Dilatadores de arco.

10. Válvulas intercaladas en las tuberías y conductos de la red que sirven para ajustar el caudal en un sistema no sometido a cambios frecuentes de caudal:

a) Válvulas de compuerta.
b) Válvulas de globo.
c) Válvulas de mariposa.
d) Válvulas de macho.

11. Indica la afirmación falsa sobre los intercambiadores:

a) Conservan las características sanitarias de las aguas.
b) Separan el agua de las calderas del agua de consumo.
c) Pueden ser tubulares y de placas.
d) No se produce transferencia de calor en los mismos.

12. Elemento de la bomba de calor en el que el gas refrigerante cede el calor tomado del ambiente:

a) Evaporador.
b) Compresor.
c) Condensador.
d) Válvula expansora.

13. ¿Qué almacenan los depósitos acumuladores?

a) El ACS.
b) Aguas residuales.
c) Aguas recicladas.
d) Aguas limpias.

14. ¿Qué tipo de válvulas de regulación existen?

a) Motorizadas.
b) Termostáticas.
c) Motorizadas y termostáticas.
d) Ninguna de las respuestas anteriores es correcta.

15. ¿Qué tipo de material metálico no se pueden emplear en las tuberías?

a) Acero galvanizado.
b) Acero inoxidable.
c) Cobre.
d) Aluminio.

16. ¿Cómo se deben conectar los sistemas con interacumuladores?

a) En serie.
b) En paralelo.
c) Con la mínima distancia.
d) Con la máxima distancia.

17. ¿Cómo se deben conectar los sistemas con acumuladores?

a) En serie.
b) En paralelo.

c) Con la mínima distancia.
d) Con la máxima distancia.

18. ¿Cómo se aconseja realizar las conexiones de los sistemas con intera- cumuladores?

a) Con retorno invertido.
b) En serie.
c) De forma desequilibrada.
d) Ninguna de las respuestas anteriores es correcta.

19. ¿Qué medida de prevención se debe tomar para que el riesgo de legionelosis sea bajo?

a) Que el agua alcance los 50 °C.
b) Que el agua alcance los 70 °C.
c) Que el agua no supere los 30 °C.
d) Que el agua alcance los 40 °C.

20. Equipo a presión en el que el calor procedente de cualquier fuente de energía se transfiere a los usos térmicos del edificio por medio de un circuito de agua cerrado:

a) Caldera.
b) Bomba de calor.
c) Generador de aire caliente.
d) Instalación térmica.

21. ¿Cuál es uno de los combustibles sólidos fundamentales mencionados en el documento para sistemas de calefacción?

a) El gas propano2.
b) El gasóleo C.
c) La leña y el carbón.
d) Las virutas y cáscaras de almendras.

22. ¿Qué combustible líquido se destaca por ser el más interesante para usar en generadores de calor de cualquier potencia térmica?

a) El fuel-oil.
b) La gasolina.
c) El gasóleo C.
d) El bioetanol.

23. A pesar de que el gas butano sigue utilizándose en España, ¿cuál es el gas combustible más empleado en muchos puntos del país?

a) El gas natural.
b) El gas propano.

c) El metano.
d) El hidrógeno.

24. En el diseño de un sistema de calefacción, ¿cuál es uno de los factores más importantes a considerar, especialmente en las salas de calderas?

a) La insonorización de la sala.
b) El material de los depósitos de combustible.
c) La ventilación.
d) El acceso directo a escaleras o garajes.

25. Para una renovación de aire con garantías en una sala de máquinas, ¿cómo deben disponerse idealmente las aberturas de entrada de aire?

a) Con una única abertura en la parte superior.
b) Con dos aberturas preferiblemente enfrentadas.
c) Con aberturas horizontales de más de 10 m de recorrido.
d) Con aberturas cerca del cuadro eléctrico.

26. Según el Real Decreto 809/2021, ¿qué es una caldera?

a) Un aparato que solo utiliza agua en fase líquida.
b) Un sistema que genera electricidad a partir de calor.
c) Todo aparato a presión donde el calor de cualquier fuente se transforma en utilizable mediante un medio de transporte en fase líquida o vapor.
d) Un dispositivo para el tratamiento de humos.

27. ¿Qué característica define a una caldera de agua sobrecalentada?

a) Utiliza un líquido distinto del agua como medio de transporte.
b) El agua como medio de transporte tiene una temperatura máxima admisible igual o inferior a 110ºC.
c) El medio de transporte es agua a una temperatura máxima admisible superior a 110ºC.
d) Realiza su ciclo normal de funcionamiento sin acción manual.

28. ¿Cuál es el objetivo principal de los vasos de expansión en un circuito de calefacción?

a) Regular la presión del gas propano.
b) Filtrar impurezas del agua del circuito.
c) Absorber los incrementos de volumen producidos por el agua del circuito al calentarse.
d) Controlar el caudal del fluido en función de la temperatura.

29. En el mantenimiento de calderas de gas, ¿qué medida de seguridad es crucial para el lugar donde funciona un calentador de gas?

a) Mantenerlo siempre con luz tenue.
b) Tener siempre ventilado el lugar.

c) Instalarlo en un espacio completamente hermético.

d) Cubrirlo con materiales ignífugos.

30. Si la caldera funciona correctamente, pero todos los radiadores permanecen fríos, ¿dónde se debe buscar la avería?

a) En el termostato ambiental.

b) En las válvulas de purgado de los radiadores.

c) En la bomba que mueve el agua por las conducciones.

d) En el nivel de combustible de la caldera.

Solución al test n.º 7

1. c) Gasóleo C.

2. c) El termo.

3. d) Evitar que las burbujas de aire hagan que las tuberías pierdan sección de paso y que se produzcan fenómenos de sobrepresión.

4. d) Todas las respuestas anteriores son correctas.

5. d) Las respuestas a) y c) son correctas.

6. a) Sí.

7. c) En maniobrar el tornillo de su extremo para abrir la salida que lleva este, dejando salir el aire hasta que sale el agua.

8. a) Sí.

9. a) Dilatadores de lira.

10. d) Válvulas de macho.

11. d) No se produce transferencia de calor en los mismos.

12. c) Condensador.

13. a) El ACS.

14. c) Motorizadas y termostáticas.

15. d) Aluminio.

16. b) En paralelo.

17. a) En serie.

18. a) Con retorno invertido.

19. b) Que el agua alcance los 70 °C.

20. a) Caldera.

21. c) La leña y el carbón.

22. c) El gasóleo C.

23. b) El gas propano.

24. c) La ventilación.

25. b) Con dos aberturas preferiblemente enfrentadas.

26. c) Todo aparato a presión donde el calor de cualquier fuente se transforma en utilizable mediante un medio de transporte en fase líquida o vapor.

27. c) El medio de transporte es agua a una temperatura máxima admisible superior a 110ºC.

28. c) Absorber los incrementos de volumen producidos por el agua del circuito al calentarse.

29. b) Tener siempre ventilado el lugar.

30. c) En la bomba que mueve el agua por las conducciones.

TEST N.º 8

Instalaciones de acondicionamiento de aire, de ventilación y de refrigeración: nociones y operaciones básicas de mantenimiento y reparación

1. ¿Cómo se definen los equipos de aire acondicionado?

a) Máquinas térmicas consumidoras de energía mecánica o trabajo, para extraer calor de un foco caliente y cederlo a un foco frío.
b) Máquinas térmicas consumidoras de energía mecánica o trabajo, para extraer calor de un foco frío y cederlo a un foco caliente.
c) Máquinas térmicas que ceden energía mecánica o trabajo, para extraer calor de un foco frío y cederlo a un foco caliente.
d) Máquinas térmicas que ceden energía mecánica o trabajo, para extraer calor de un foco caliente y cederlo a un foco frío.

2. ¿Qué es una bomba de calor?

a) Máquina frigorífica que intercambia los focos.
b) Máquina frigorífica que se usa en la guerra.
c) Máquina frigorífica que cede energía mecánica o trabajo.
d) Máquina frigorífica que bombea el frío.

3. Indicar la máquina frigorífica constituida por una unidad exterior y varias unidades interiores:

a) Compacta.
b) Split.
c) Multi-split.
d) Reversible.

4. ¿Qué son las bombas de calor de absorción?

a) Las que son accionadas mecánicamente.
b) Las que no son accionadas térmicamente.

c) Las multi-split.

d) Las que son accionadas térmicamente, esto quiere decir que la energía aportada al ciclo es térmica.

5. ¿Qué tipo de compresores tienen mayor eficacia?

a) Alternativos.
b) Rotativos.
c) Scroll o espiral.
d) De tornillo.

6. ¿Qué le ocurre al refrigerante en el evaporador?

a) Entra vapor y sale líquido.
b) Entra líquido y sale vapor.
c) Entra líquido y sale líquido.
d) Entra vapor y sale vapor.

7. ¿Cómo se llama al aparato que abre un contacto eléctrico cuando el sistema rebasa o no alcanza un valor determinado de presión?

a) Presostato.
b) Manómetro.
c) Termostato.
d) Termómetro.

8. ¿Cómo se llama al aparato que abre un contacto eléctrico cuando el sistema rebasa o no alcanza un valor determinado de temperatura?

a) Presostato.
b) Manómetro.
c) Termostato.
d) Termómetro.

9. ¿Qué son las llaves de paso actuadas por un electroimán?

a) Llaves automáticas.
b) Manómetro eléctricos.
c) Llaves eléctricas.
d) Electroválvulas.

10. Indica aquella opción que no sea un parámetro de la torre de enfriamiento:

a) Temperatura del bulbo seco.
b) Humedad relativa.
c) Caudal de agua que tiene que circular o enfriar.
d) Tratamiento del agua.

11. Un equipo de aire acondicionado se define como una máquina térmica o sistema en el que un fluido compresible evoluciona. ¿Cuál es el propósito de esta evolución?

a) Producir únicamente energía mecánica.
b) Generar exclusivamente una transformación térmica.
c) Producir una transformación en energía mecánica o viceversa, rigiéndose por las leyes de la termodinámica.
d) Transformar energía térmica en energía eléctrica.

12. ¿Cómo se caracterizan los equipos de aire acondicionado en relación con la transferencia de calor?

a) Son máquinas térmicas que extraen calor de un foco caliente y lo ceden a un foco frío.
b) Son máquinas térmicas consumidoras de energía mecánica o trabajo, para extraer calor de un foco frío y cederlo a un foco caliente.
c) Generan frío directamente sin necesidad de extraer calor.
d) Producen calor a partir de un foco caliente sin consumo de trabajo.

13. ¿Cuáles son los dos tipos fundamentales de sistemas de refrigeración que se mencionan?

a) Los de agua y los de aire.
b) Los de vapor y los de gas.
c) Los de compresión y los de absorción.
d) Los reversibles y los no reversibles.

14. En los sistemas de refrigeración de vapor, ¿cómo se comporta el refrigerante?

a) Permanece siempre en estado gaseoso.
b) Se vaporiza y condensa alternativamente en los distintos elementos del circuito.
c) Se mantiene en estado líquido en todo el circuito.
d) Se transforma directamente de gas a líquido sin pasar por vaporización.

15. ¿Qué particularidad tiene el refrigerante en los sistemas de refrigeración de gas?

a) Se vaporiza y condensa según la demanda de frío.
b) Se mantiene en estado líquido durante todo el ciclo.
c) Solo se utiliza en sistemas de muy baja temperatura.
d) Permanece siempre en estado gaseoso.

16. ¿Qué impulsa el compresor en las bombas de calor accionadas por compresor?

a) Un sistema térmico impulsado por calor a altas temperaturas.
b) Un motor eléctrico, de gas, diésel, o de otro tipo, de forma mecánica.
c) Únicamente un motor eléctrico.
d) Un circuito de disoluciones que eleva la presión del fluido.

17. ¿Qué característica principal tienen las bombas de calor de accionamiento térmico o de absorción?

a) Su ciclo se impulsa por energía mecánica.
b) Utilizan un compresor para elevar la presión.
c) Su ciclo se impulsa mediante calor a temperaturas elevadas.
d) Emplean únicamente electricidad como fuente de energía.

18. ¿Cómo se denominan las bombas de calor según el medio de origen y destino de la energía?

a) Con una sola palabra que describe el foco caliente.
b) Mediante dos palabras: la primera para el medio del que absorbe el calor (foco frío) y la segunda para el medio receptor (foco caliente).
c) Con una palabra que indica el tipo de compresor utilizado.
d) Se clasifican únicamente por su potencia en kW.

19. ¿Cuál es el tipo de bomba de calor más utilizada, principalmente en climatización?

a) Bombas de calor agua-agua.
b) Bombas de calor tierra-aire.
c) Bombas de calor aire-agua.
d) Bombas de calor aire-aire.

20. ¿Qué ventaja presentan las bombas de calor agua-aire en comparación con las que utilizan aire exterior?

a) Son más económicas de instalar.
b) Requieren menos mantenimiento.
c) Producen mejores rendimientos energéticos debido a la mayor uniformidad de la temperatura del agua a lo largo del año.
d) Permiten aprovechar la energía del suelo.

21. ¿Qué factor hace que las instalaciones de bombas de calor tierra-aire y tierra-agua sean poco habituales?

a) Su complejidad técnica.
b) Su alto consumo energético.
c) Su coste y la necesidad de disponer de grandes superficies de terreno.
d) Su limitada capacidad para generar frío.

22. ¿Cómo se caracterizan las máquinas de aire acondicionado compactas en cuanto a sus componentes?

a) Todos los elementos que constituyen la máquina se encuentran alojados dentro de una misma carcasa.
b) Comprenden dos secciones separadas: unidad de tratamiento y unidad condensadora.

c) Están constituidas por una unidad exterior y varias unidades interiores.

d) Requieren una instalación compleja con múltiples conductos.

23. ¿Cuál es una ventaja destacada de las unidades "Split o partidas" en relación con el ruido?

a) Permiten una mayor potencia frigorífica.

b) Son más fáciles de instalar en cualquier lugar.

c) Ofrecen una mayor flexibilidad en la distribución del aire.

d) Son una instalación silenciosa debido a la colocación del compresor en el exterior.

24. ¿Qué configuración describe a las unidades "Multi-split"?

a) Una sola unidad interior que se conecta a múltiples conductos.

b) Unidades independientes que no comparten ningún componente.

c) Están constituidas por una unidad exterior y varias unidades interiores.

d) Tienen todos sus componentes alojados en una única carcasa.

25. ¿Qué capacidad define a las bombas de calor reversibles?

a) Solo pueden funcionar en ciclo de refrigeración.

b) Producen simultáneamente frío y calor.

c) Pueden funcionar tanto en ciclo de calefacción como en ciclo de refrigeración.

d) No necesitan un compresor para su funcionamiento.

26. ¿Qué componente es esencial para que las bombas de calor reversibles inviertan el sentido de flujo del fluido frigorífico?

a) Un presostato de alta presión.

b) Una válvula de cuatro vías.

c) Un termostato de ambiente.

d) Un intercambiador de calor de placas.

27. ¿Qué característica de funcionamiento presentan las Termofrigobombas?

a) Solo pueden enfriar el ambiente.

b) Se utilizan exclusivamente para calentar grandes espacios.

c) Producen simultáneamente frío y calor.

d) Su funcionamiento es independiente de la temperatura exterior.

28. En los aparatos de condensación por aire, ¿cómo se enfría el condensador?

a) Utilizando agua de la red urbana.

b) Mediante la evaporación del propio refrigerante.

c) Empleando el aire exterior impulsado por un ventilador en circulación forzada.

d) Con un sistema de enfriamiento pasivo.

29. Si el agua utilizada para la condensación proviene de la red urbana y se desea evitar su desperdicio, ¿qué es conveniente incorporar al circuito?

a) Un sistema de descalcificación.
b) Un filtro de partículas.
c) Un intercambiador de calor adicional.
d) Una torre de refrigeración para recuperarla.

30. ¿Cuál es la única diferencia entre una bomba de calor y una máquina frigorífica?

a) La bomba de calor solo produce frío, mientras que la frigorífica produce calor.
b) La máquina frigorífica utiliza menos trabajo eléctrico.
c) La intercambiabilidad de los focos frío y caliente.
d) El tipo de fluido refrigerante que utilizan.

Solución al test n.º 8

1. b) Máquinas térmicas consumidoras de energía mecánica o trabajo, para extraer calor de un foco frío y cederlo a un foco caliente.

2. a) Máquina frigorífica que intercambia los focos.

3. c) Multi-split.

4. d) Las que son accionadas térmicamente, esto quiere decir que la energía aportada al ciclo es térmica.

5. c) Scroll o espiral.

6. b) Entra líquido y sale vapor.

7. a) Presostato.

8. c) Termostato.

9. d) Electroválvulas.

10. d) Tratamiento del agua.

11. c) Producir una transformación en energía mecánica o viceversa, rigiéndose por las leyes de la termodinámica.

12. b) Son máquinas térmicas consumidoras de energía mecánica o trabajo, para extraer calor de un foco frío y cederlo a un foco caliente.

13. b) Los de vapor y los de gas.

14. b) Se vaporiza y condensa alternativamente en los distintos elementos del circuito.

15. d) Permanece siempre en estado gaseoso.

16. b) Un motor eléctrico, de gas, diésel, o de otro tipo, de forma mecánica.

17. c) Su ciclo se impulsa mediante calor a temperaturas elevadas.

18. b) Mediante dos palabras: la primera para el medio del que absorbe el calor (foco frío) y la segunda para el medio receptor (foco caliente).

19. d) Bombas de calor aire-aire.

20. c) Producen mejores rendimientos energéticos debido a la mayor uniformidad de la temperatura del agua a lo largo del año.

21. c) Su coste y la necesidad de disponer de grandes superficies de terreno.

22. a) Todos los elementos que constituyen la máquina se encuentran alojados dentro de una misma carcasa.

23. d) Son una instalación silenciosa debido a la colocación del compresor en el exterior.

24. c) Están constituidas por una unidad exterior y varias unidades interiores.

25. c) Pueden funcionar tanto en ciclo de calefacción como en ciclo de refrigeración.

26. b) Una válvula de cuatro vías.

27. c) Producen simultáneamente frío y calor.

28. c) Empleando el aire exterior impulsado por un ventilador en circulación forzada.

29. d) Una torre de refrigeración para recuperarla.

30. c) La intercambiabilidad de los focos frío y caliente.

TEST N.º 9

Carpintería: nociones y operaciones básicas de mantenimiento y reparación

1. El mantenimiento de los muebles de madera obedece principalmente a tres aspectos: conservación de la madera, restauración de su acabado y reparación de las roturas. ¿Cuál de estas prácticas es propia de la conservación de la madera?

a) Limpieza de la zona afectada: con un formón o una lija, o bien un cepillo, se descama la madera hasta eliminar toda la superficie carcomida.

b) Solo en las superficies barnizadas es posible desarrollar un mantenimiento a base de cuidar el acabado con tratamientos de nuevos barnices y ceras.

c) Es necesario revisar periódicamente los muebles y rociar sobre estos productos antiparásitos.

d) Es preciso desmontar la pieza suelta y volver a encolar con cola blanca para madera.

2. Las cerraduras son elementos de seguridad que bloquean el paso de ventanas y puertas. ¿Cuál de estos modelos de cerradura son las que se introducen en el canto de la puerta mediante una caja lograda con escoplo?

a) Cerraduras de embutir.

b) Cerraduras superpuestas.

c) Cerradura de tambor.

d) Ninguna de las anteriores es correcta.

3. En algunas ocasiones, las puertas se descuelgan o rozan con el suelo o el marco de la puerta, ¿cuál de estas respuestas indica la solución a los rozamientos de las puertas?

a) Para su arreglo se utiliza una masilla para PVC.

b) Pueden fijarse con listones de madera o masilla (marcos de madera) o con tiras de goma elástica (marcos de aluminio).

c) Se pueden introducir arandelas gruesas entre las bisagras para elevar 1 o 2 milímetros su altura.

d) Puede ser reparada con relativa facilidad siempre y cuando se trate de piezas engarzadas.

4. ¿Cuál de las siguientes afirmaciones es correcta en lo relativo al barnizado?

a) La fuerza y la velocidad pueden, generalmente, graduarse en todos los modelos.
b) Entre mano y mano de cualquier barniz, meteremos la brocha en agua, al no secarse el barniz las cerdas no se pegan.
c) El efecto de la veladura coloreada, a la vez que asoma la beta de la madera, se logra añadiendo el color en el diluyente y no directamente sobre el barniz.
d) Las respuestas b) y c) son correctas.

5. Señala cuál de las siguientes opciones constituye el primer paso en el proceso para arreglar la cinta de una persiana:

a) Volver a atornillar el cajón superior y colocar el resorte inferior empotrado a la pared.
b) Desatornillar el resorte inferior que enrolla la cinta.
c) Desatornillar el cajón superior de la ventana eliminando el resto de cinta rota.
d) Fijar la nueva cinta al tambor de la persiana.

6. Dentro del canteado de tableros, hay dos técnicas interesantes, según sea el canto que usemos. Señala una de esas dos técnicas, que aparece entre las opciones:

a) Melamínico.
b) Algodón.
c) Rechapado.
d) Encolado.

7. ¿En cuál de estos aglomerados la madera es vulnerable a los cambios atmosféricos, sobre todo, a los debidos a la humedad?

a) Aglomerado de contrachapado.
b) Aglomerado de chapado.
c) Las respuestas a) y b) son correctas.
d) Ninguna de las anteriores es correcta.

8. Señala a qué clase de contrachapado corresponde la siguiente definición: "está indicado para usos industriales en los que la resistencia y durabilidad son las características primordiales. Las caras suelen ser de peor calidad":

a) Contrachapado náutico.
b) Contrachapado estructural.
c) Contrachapado exterior.
d) Contrachapado interior.

9. ¿Qué es un ensamble?

a) Es el acoplamiento de la cabeza del martillo con el mango.
b) Es encolar una chapa de madera en la cara de un tablero.

c) Es el acoplamiento de dos piezas en ángulo.
d) Es encolar una chapa de madera al canto de un tablero.

10. El lijado de la madera:

a) Se realiza en el sentido de la veta.
b) Se realiza en el sentido contrario a la veta.
c) Se realiza en círculos.
d) Se realiza en el sentido de la veta y en el contrario dependiendo de si es en el exterior o en el interior.

11. ¿Cuál es la función principal del oficio de carpintero?

a) Construir estructuras metálicas y de hormigón.
b) Diseñar e instalar sistemas eléctricos.
c) Realizar y reparar mobiliario y utensilios compuestos fundamentalmente de madera.
d) Fabricar elementos de vidrio para edificaciones.

12. ¿Qué función cumple un precerco en la instalación de una puerta?

a) Es el armazón fijo de la puerta y soporta la hoja.
b) Sirve como plantilla de madera para definir el hueco en obra y facilitar la colocación del cerco.
c) Cubre la unión entre el cerco y la pared con fines decorativos.
d) Permite la articulación de la hoja con el cerco.

13. ¿Qué es un cerco en el contexto de una puerta?

a) El elemento que se acciona para abrir y cerrar la puerta.
b) El elemento estructural que se fija al precerco o directamente a la obra y sirve de marco y soporte a la hoja de la puerta.
c) El mecanismo de cierre que asegura la puerta impidiendo su apertura.
d) La pieza saliente que encaja al cerrar la puerta.

14. ¿Qué es el galce en una puerta?

a) El listón decorativo que cubre la unión entre el cerco y la pared.
b) Los herrajes metálicos que permiten la articulación de la hoja.
c) El rebaje en el cerco o en la hoja de la puerta donde encaja la hoja al cerrarse, permitiendo un cierre hermético.
d) La pieza que se acciona para abrir y cerrar la puerta.

15. ¿Cuál es el propósito del tapajuntas en una instalación de puerta?

a) Proporcionar soporte estructural al cerco.
b) Actuar como mecanismo de cierre de seguridad.

c) Cubrir la unión entre el cerco y la pared, proporcionando un acabado limpio y estético.

d) Articular la hoja con el cerco.

16. ¿Qué función desempeñan los pernios en una puerta?

a) Asegurar la puerta impidiendo su apertura forzada.

b) Accionar el resbalón para mantener la puerta cerrada.

c) Son herrajes metálicos que permiten la articulación de la hoja con el cerco, facilitando su apertura y cierre.

d) Proporcionar un acabado estético a la unión entre el cerco y la pared.

17. ¿Qué función realiza el condenador en una puerta?

a) Permitir la ventilación del espacio.

b) Servir como elemento decorativo.

c) Es un mecanismo de cierre que asegura la puerta impidiendo su apertura.

d) Conectar la manilla con el resbalón.

18. ¿Qué es la manilla en una puerta?

a) El elemento que se fija al precerco y soporta la hoja.

b) El mecanismo que asegura la puerta contra aperturas no deseadas.

c) La pieza que se acciona para abrir y cerrar la puerta, conectada al mecanismo de cierre.

d) El rebaje donde encaja la hoja al cerrarse.

19. ¿Cuál es la función del resbalón en una puerta?

a) Proporcionar aislamiento acústico.

b) Actuar como tope de cierre.

c) Es una pieza saliente que encaja en el galce del cerco al cerrar la puerta, manteniéndola en posición.

d) Controlar el acceso mediante un código.

20. En puertas correderas, ¿qué se entiende por gualdera?

a) El mecanismo de rodamiento de la puerta.

b) El tope que limita el recorrido de la hoja.

c) La guía inferior donde se desliza la puerta.

d) Es el lateral del hueco donde se desliza la hoja, proporcionando soporte y guiado.

21. ¿Qué es el cajón en una instalación de persiana?

a) El perfil vertical por donde se deslizan las lamas.

b) La parte superior de la persiana donde se aloja el eje de enrollamiento y el mecanismo de accionamiento.

c) El dispositivo que alberga la cuerda o fleje.
d) Los elementos horizontales que forman el cuerpo de la persiana.

22. ¿Cuál es la función de la guía en una persiana?

a) Permitir el enrollamiento de la persiana.
b) Es el perfil vertical por donde se deslizan las lamas de la persiana, asegurando su estabilidad y correcto funcionamiento.
c) Recoger la cuerda o fleje de accionamiento.
d) Actuar como soporte de la estructura del cajón.

23. ¿Qué son las láminas o lamas en una persiana?

a) Los componentes que se alojan dentro del cajón superior.
b) Los perfiles verticales que guían la persiana.
c) Los elementos horizontales que forman el cuerpo de la persiana, superpuestas entre sí y unidas por un sistema de articulación.
d) Las piezas que conectan el eje al recogedor.

24. ¿Qué elemento se conoce como fleje en una persiana?

a) El perfil vertical que guía las lamas.
b) El dispositivo de accionamiento automático.
c) Una cinta o cordón que sirve para enrollar y desenrollar la persiana, conectando el eje al recogedor.
d) El eje alrededor del cual se enrolla la persiana.

25. ¿Cuál es la función del recogedor en una persiana?

a) Alojar el eje de enrollamiento y el mecanismo.
b) Guiar las lamas verticalmente.
c) Es un dispositivo que alberga la cuerda o fleje de la persiana y permite su accionamiento manual o automático.
d) Conformar el cuerpo principal de la persiana.

26. ¿En qué consiste el ensamble a media madera?

a) En unir dos piezas introduciendo una espiga en un hueco de la otra.
b) En una unión en ángulo con una espiga trapezoidal.
c) Consiste en rebajar la mitad de las dos piezas a unir, para después ser superpuestas y unidas.
d) En el uso de tornillos para unir piezas sin rebajes.

27. ¿Qué característica principal tiene el ensamble de caja y espiga?

a) Se utiliza principalmente para unir piezas en ángulo con una forma trapezoidal.
b) Es una unión donde una pieza (espiga) se introduce en un hueco (caja) realizado en otra pieza, proporcionando una unión robusta.

c) Consiste en rebajar la mitad de las dos piezas y superponerlas.

d) Se realiza exclusivamente con cola sin ningún tipo de machihembrado.

28. ¿Cómo se describe el ensamble a cola de milano?

a) Una unión que rebaja la mitad de dos piezas para superponerlas.

b) Una unión donde una espiga se introduce en un hueco de otra pieza.

c) Una unión en ángulo de dos maderas consistente en una espiga en forma trapezoidal de cabeza más ancha que el arranque.

d) Un método de unión que utiliza solo tornillos sin rebajes.

29. ¿Qué material se fabrica a partir de partículas de madera aglomeradas con resinas sintéticas mediante presión y calor?

a) Madera maciza.

b) Contrachapado.

c) Tablero de partículas o aglomerado.

d) Tablero de fibras (MDF).

30. ¿Para qué se utilizan los aglomerados hidrófugos?

a) Para mobiliario exterior expuesto a la intemperie.

b) Para estructuras de carga que requieren alta resistencia mecánica.

c) Para aplicaciones decorativas donde la humedad no es un factor.

d) Tienen un tratamiento especial para resistir la humedad, aptos para cocinas y baños.

Solución al test n.º 9

1. c) Es necesario revisar periódicamente los muebles y rociar sobre estos productos antiparásitos.

2. a) Cerraduras de embutir.

3. c) Se pueden introducir arandelas gruesas entre las bisagras para elevar 1 o 2 milímetros su altura.

4. d) Las respuestas b) y c) son correctas.

5. b) Desatornillar el resorte inferior que enrolla la cinta.

6. d) Encolado.

7. a) Aglomerado de contrachapado.

8. b) Contrachapado estructural.

9. c) Es el acoplamiento de dos piezas en ángulo.

10. a) Se realiza en el sentido de la veta.

11. c) Realizar y reparar mobiliario y utensilios compuestos fundamentalmente de madera.

12. b) Sirve como plantilla de madera para definir el hueco en obra y facilitar la colocación del cerco.

13. b) El elemento estructural que se fija al precerco o directamente a la obra y sirve de marco y soporte a la hoja de la puerta.

14. c) El rebaje en el cerco o en la hoja de la puerta donde encaja la hoja al cerrarse, permitiendo un cierre hermético.

15. c) Cubrir la unión entre el cerco y la pared, proporcionando un acabado limpio y estético.

16. c) Son herrajes metálicos que permiten la articulación de la hoja con el cerco, facilitando su apertura y cierre.

17. c) Es un mecanismo de cierre que asegura la puerta impidiendo su apertura.

18. c) La pieza que se acciona para abrir y cerrar la puerta, conectada al mecanismo de cierre.

19. c) Es una pieza saliente que encaja en el galce del cerco al cerrar la puerta, manteniéndola en posición.

20. d) Es el lateral del hueco donde se desliza la hoja, proporcionando soporte y guiado.

21. b) La parte superior de la persiana donde se aloja el eje de enrollamiento y el mecanismo de accionamiento.

22. b) Es el perfil vertical por donde se deslizan las lamas de la persiana, asegurando su estabilidad y correcto funcionamiento.

23. c) Los elementos horizontales que forman el cuerpo de la persiana, superpuestas entre sí y unidas por un sistema de articulación.

24. c) Una cinta o cordón que sirve para enrollar y desenrollar la persiana, conectando el eje al recogedor.

25. c) Es un dispositivo que alberga la cuerda o fleje de la persiana y permite su accionamiento manual o automático.

26. c) Consiste en rebajar la mitad de las dos piezas a unir, para después ser superpuestas y unidas.

27. b) Es una unión donde una pieza (espiga) se introduce en un hueco (caja) realizado en otra pieza, proporcionando una unión robusta.

28. c) Una unión en ángulo de dos maderas consistente en una espiga en forma trapezoidal de cabeza más ancha que el arranque.

29. c) Tablero de partículas o aglomerado.

30. d) Tienen un tratamiento especial para resistir la humedad, aptos para cocinas y baños.

TEST N.º 10

Seguridad y salud en las tareas de mantenimiento. Nociones básicas

1. En relación con los lugares de trabajo es cierto que:

a) Son las áreas edificadas del centro de trabajo en las que los trabajadores deben permanecer o a las que pueden acceder en razón de su trabajo.

b) La definición incluye los locales de primeros auxilios pero no los comedores.

c) Las instalaciones de servicio o protección anejas a los lugares de trabajo se consideran parte integrante de los mismos.

d) La definición de lugares de trabajo no incluye los servicios higiénicos y locales de descanso.

2. En los locales de trabajo, la superficie libre mínima por trabajador es de:

a) 2 metros cuadrados.

b) 3 metros cuadrados.

c) 5 metros cuadrados.

d) 10 metros cuadrados.

3. En los locales de trabajo, la altura mínima de las barandillas es de:

a) 50 cm.

b) 60 cm.

c) 90 cm.

d) 1 metro.

4. Cuando su longitud sea menor que 3 metros, las rampas de los locales de trabajo tendrán una pendiente máxima del:

a) 12 por 100.

b) 10 por 100.

c) 8 por 100.

d) 5 por 100.

5. La altura máxima entre los descansos de las escaleras en los locales de trabajo, será de:

a) 2,20 metros.
b) 2,90 metros.
c) 3,70 metros.
d) 4,50 metros.

6. Las escaleras de mano simples se colocarán, en la medida de lo posible, formando un ángulo con la horizontal de aproximadamente:

a) 30°.
b) 45°.
c) 60°.
d) 75°.

7. En relación con las vías y salidas de evacuación es correcto que:

a) Las puertas de emergencia deberán abrirse hacia el interior.
b) Las puertas de emergencia más recomendables son las giratorias y las correderas.
c) Las puertas de emergencia deberán cerrarse con llave.
d) Las puertas situadas en los recorridos de las vías de evacuación se deberán poder abrir en cualquier momento desde el interior sin ayuda especial.

8. La temperatura de los locales donde se realicen trabajos sedentarios propios de oficinas o similares estará comprendida entre:

a) 20 y 24 °C.
b) 17 y 27 °C.
c) 14 y 25°C.
d) 18 y 20°C.

9. Por regla general, la humedad relativa en los locales de trabajo cerrados estará comprendida entre:

a) El 50 y el 80 %.
b) El 40 y el 60 %.
c) El 20 y el 50 %.
d) El 30 y el 70 %.

10. En relación con los servicios higiénicos y los locales de descanso de los lugares de trabajo, es cierto que:

a) En todo caso, los lugares de trabajo han de disponer de vestuarios para los trabajadores.
b) Los locales de aseo y los vestuarios no podrán estar separados.

c) Cuando la seguridad o la salud de los trabajadores lo exijan, éstos dispondrán de un local de descanso de fácil acceso, excepto en el caso de los trabajos al aire libre

d) En los trabajos al aire libre en los que exista un alejamiento entre el centro de trabajo y el lugar de residencia de los trabajadores, que les imposibilite para regresar cada día a la misma, dichos trabajadores dispondrán de locales adecuados destinados a dormitorios y comedores.

11. En los lugares de trabajo, la anchura mínima de los pasillos será de:

a) 80 cm.
b) 1 m.
c) 1,20 m.
d) 1,50 m.

12. La anchura mínima de las escaleras de servicio en los lugares de trabajo será de:

a) 55 cm.
b) 80 cm.
c) 1 m.
d) 1,20 m.

13. Los equipos de protección contra incendios deberán ser de color:

a) Rojo.
b) Amarillo.
c) Verde.
d) Naranja.

14. Para indicar áreas de riesgo donde hay desniveles, obstáculos o cualquier elemento que pueda causar riesgo de caída o golpe se utilizarán franjas alternas:

a) Rojas y blancas.
b) Amarillas y negras.
c) Verdes y blancas.
d) Azules y blancas.

15. ¿Qué significa el gesto codificado consistente en una figura con los dos brazos extendidos hacia arriba y las palmas de las manos hacia adelante?

a) Lento.
b) Avanzar.
c) Peligro: alto o parada de emergencia.
d) Distancia vertical.

16. Las señales de salvamento o socorro tienen forma:

a) Triangular.
b) Circular.

c) Cuadrada.
d) Rectangular o cuadrada.

17. ¿Qué representa la siguiente señal?

a) Materia explosiva.
b) Peligro en general.
c) Obligación general.
d) Prohibido el paso sin autorización.

18. Respecto a la señalización, el artículo 4 del RD 485/1997, de 14 de abril, sobre disposiciones mínimas en materia de señalización de seguridad y salud en el trabajo, dispone que:

a) Deberá utilizarse siempre que el análisis de los riesgos existentes, de las situaciones de emergencia previsibles y de las medidas preventivas adoptadas, ponga de manifiesto la necesidad de facilitar a los trabajadores la localización e identificación de determinados medios o instalaciones de protección, evacuación, emergencia o primeros auxilios.
b) Deberá considerarse una medida sustitutoria de las medidas técnicas y organizativas de protección colectiva.
c) Podrá utilizarse para transmitir informaciones o mensajes distintos o adicionales a los que constituyen su objetivo propio.
d) Deberá considerarse una medida sustitutoria de la formación e información de los trabajadores en materia de seguridad y salud en el trabajo.

19. El color de seguridad para las señales de advertencia es:

a) El rojo.
b) El azul.
c) El verde.
d) El amarillo o amarillo anaranjado.

20. Las señales de prohibición tendrán forma:

a) Rectangular.
b) De rombo.
c) Redonda.
d) Cuadrada.

21. Se utilizan pictogramas blancos sobre fondo verde para:

a) Señales relativas a los equipos de lucha contra incendios.
b) Señales de salvamento o socorro.
c) Señales de advertencia.
d) Señales de obligación.

22. En relación con el uso de señales acústicas de seguridad, es correcto:

a) El uso simultáneo de dos señales acústicas.
b) El uso de una señal acústica cuando el ruido ambiental ya es demasiado intenso.
c) El sonido de una señal de evacuación deberá ser continuo.
d) Si un dispositivo puede emitir señales acústicas con un tono o intensidad variables o intermitentes, o con un tono o intensidad continuos, se utilizarán las segundas para indicar, por contraste con las primeras, un mayor grado de peligro o una mayor urgencia de la acción requerida.

23. Cuando el color de fondo sobre el que tenga que aplicarse el color de seguridad pueda dificultar la percepción de este último, se utilizará un color de contraste que enmarque o se alterne con el de seguridad. Si el color de seguridad es el azul, el color de contraste será:

a) El rojo.
b) El blanco.
c) El negro.
d) El amarillo.

24. Las señales de advertencia tienen forma:

a) Triangular.
b) De rombo.
c) Redonda.
d) Cuadrada.

25. Señales de forma rectangular o cuadrada que utilizan pictogramas blancos sobre fondo rojo; nos referimos a:

a) Señales relativas a los equipos de lucha contra incendios.
b) Señales de obligación.
c) Señales de salvamento o socorro.
d) Señales de advertencia.

Solución al test n.º 10

1. c) Las instalaciones de servicio o protección anejas a los lugares de trabajo se consideran parte integrante de los mismos.

2. a) 2 metros cuadrados.

3. c) 90 cm.

4. a) 12 por 100.

5. c) 3,70 metros.

6. d) 75º.

7. d) Las puertas situadas en los recorridos de las vías de evacuación se deberán poder abrir en cualquier momento desde el interior sin ayuda especial.

8. b) 17 y 27 ºC.

9. d) El 30 y el 70 %.

10. d) En los trabajos al aire libre en los que exista un alejamiento entre el centro de trabajo y el lugar de residencia de los trabajadores, que les imposibilite para regresar cada día a la misma, dichos trabajadores dispondrán de locales adecuados destinados a dormitorios y comedores.

11. b) 1 m.

12. a) 55 cm.

13. a) Rojo.

14. b) Amarillas y negras.

15. c) Peligro: alto o parada de emergencia.

16. d) Rectangular o cuadrada.

17. b) Peligro en general.

18. a) Deberá utilizarse siempre que el análisis de los riesgos existentes, de las situaciones de emergencia previsibles y de las medidas preventivas adoptadas, ponga de manifiesto la necesidad de facilitar a los trabajadores la localización e identificación de determinados medios o instalaciones de protección, evacuación, emergencia o primeros auxilios.

19. d) El amarillo o amarillo anaranjado.

20. c) Redonda.

21. b) Señales de salvamento o socorro.

22. c) El sonido de una señal de evacuación deberá ser continuo.

23. b) El blanco.

24. a) Triangular.

25. a) Señales relativas a los equipos de lucha contra incendios.

TEST N.º 11

Medidas de prevención de accidentes en el manejo de herramientas y útiles propios de su especialidad

1. Las máquinas portátiles en las que la fuente de alimentación imprime a la herramienta un movimiento de vaivén se denominan:

a) Máquinas de rotación.
b) Máquinas de percusión.
c) Máquinas de presión.
d) Máquinas de giro.

2. Uno de los principales riesgos asociados a la utilización de herramientas manuales es:

a) Electrocución.
b) Quemaduras por fricción con partes móviles y/o calientes.
c) Atrapamiento.
d) Golpes y cortes en manos ocasionados por las propias herramientas durante el trabajo normal con las mismas.

3. El principal riesgo derivado de las máquinas herramienta es el riesgo:

a) Físico.
b) Químico.
c) Mecánico.
d) Psicosocial.

4. Una de las principales consecuencias de la caída de herramientas manuales en manipulación es:

a) Golpes en extremidades.
b) Electrocución.
c) Quemaduras.
d) Úlceras corneales.

5. Como medida preventiva ante riesgo de golpes o cortes por objetos o herramientas, es correcto:

a) Limpiar el material y los equipos de trabajo en el mismo lugar de uso.

b) Evitar hacer uso de medios auxiliares en caso de visibilidad escasa o iluminación insuficiente.

c) Procurar el tendido de cables, conducciones, mangueras y demás elementos de obstaculización en la zona de trabajo.

d) Las zonas de los lugares de trabajo en las que exista riesgo de caída, de caída de objetos o de contacto o exposición a elementos agresivos, deberán estar claramente señalizadas.

6. En el uso y conservación de herramientas manuales, se recomienda que:

a) Cuando exista riesgo de contacto eléctrico se haga uso de herramientas con mango de protección de un único material en toda la herramienta.

b) Cada usuario verifique el buen estado de la herramienta, inspeccionando cuidadosamente mangos, filos, acoplamientos y fijaciones en busca de grietas, astillas, roturas, etc.; al terminar su tarea.

c) No se limpien las herramientas hasta el mismo momento en que hayan de ser utilizadas.

d) Las herramientas de corte estén correctamente afiladas, sin rebabas ni bordes romos.

7. En relación al almacenamiento y transporte de herramientas manuales, se recomienda que:

a) Las herramientas se conserven adecuadamente ordenadas, tanto en su uso como en su almacenamiento, procurando agruparlas en función de su tamaño y características.

b) El transporte se lleve a cabo en los bolsillos, para tener las manos libres y un fácil acceso a las herramientas.

c) En el almacenamiento se evite depositar las herramientas en lugares secos o cerrados.

d) Las herramientas punzantes o cortantes se mantengan con la punta o el filo al descubierto durante su almacenamiento y transporte.

8. Como medida preventiva ante el riesgo de proyección de fragmentos o partículas, se recomienda:

a) En operaciones de soldadura se deberán emplear mamparas de material transparente de separación de puestos de trabajo para evitar que las proyecciones afecten a otros trabajadores.

b) En los trabajos sobre piezas de pequeño tamaño y no fijas, deberá procederse a garantizar su sujeción para evitar los riesgos derivados de un desplazamiento inesperado.

c) Cuando sea posible, las herramientas generadoras de polvo se utilizarán en vía seca o en zonas sin ventilación para evitar su inhalación y la generación de atmósferas nocivas.

d) En operaciones con emanación de humos, gases, vapores o líquidos, asegurar una correcta ventilación del lugar de trabajo colocando lejos de la fuente emisora correspondiente los oportunos sistemas de captación o extracción localizada.

9. El documento por el cual el fabricante declara que la máquina comercializada satisface todos los requisitos esenciales de seguridad y salud exigidos legalmente se denomina:

a) Manual de instrucciones.
b) Marcado CE de matriculación.
c) Declaración CE de conformidad.
d) Código CE de seguridad.

10. En el uso de cinceles y punzones se recomienda, como medida preventiva específica:

a) Utilizarlos únicamente como palancas.
b) Desechar aquellos que presenten rebabas o fisuras.
c) Realizar las operaciones de cincelado con el filo en dirección al operario.
d) Cuando se hayan de usar sobre objetos pequeños, estos no se deberán sujetar con otra herramienta.

11. Cualquier máquina, aparato, instrumento o instalación utilizada en el trabajo, se considera:

a) Una carga.
b) Objeto peligroso.
c) Equipo de trabajo.
d) Riesgo evaluable.

12. En relación a los equipos de trabajo, NO es cierto que:

a) Se utilizarán exclusivamente de forma o en condiciones indicadas por el fabricante.
b) Todo equipo de trabajo que entrañe riesgos por ruido, vibraciones o radiaciones deberá disponer de las protecciones o dispositivos adecuados para limitar, en la medida de lo posible, la generación y propagación de estos agentes físicos.
c) Los equipos de trabajo que se utilicen en condiciones ambientales climatológicas o industriales agresivas que supongan un riesgo para la seguridad y salud de los trabajadores, deberán estar acondicionados para el trabajo en dichos ambientes y disponer, en su caso, de sistemas de protección adecuados, tales como cabinas u otros.
d) Todo equipo de trabajo deberá estar provisto de dispositivos claramente identificables que permitan separarlo de cada una de sus fuentes de energía.

13. Cuando los elementos móviles de un equipo de trabajo puedan entrañar riesgos de accidente por contacto mecánico, deberán ir equipados con resguardos o dispositivos que impidan el acceso a las zonas peligrosas o que detengan las maniobras peligrosas antes del acceso a dichas zonas. Los resguardos y los dispositivos de protección:

a) Deben ser fácilmente anulables o ponerlos fuera de servicio.
b) Deben estar situados lo más cerca posible de la zona peligrosa.
c) No podrán limitar la observación del ciclo de trabajo.
d) Serán de fabricación sólida y resistente.

14. En general, el peso máximo que se recomienda no sobrepasar en la manipulación manual de cargas es de:

a) 25 kg.
b) 30 kg.
c) 50 kg.
d) 20 kg.

15. Unas condiciones ideales de manipulación manual de cargas incluyen:

a) Levantamientos rápidos y continuados.
b) Espalda inclinada hacia delante.
c) Manejo de la carga sin giros ni inclinaciones.
d) Sujeción del objeto con una posición de la muñeca en ángulo de 90º.

16. A efectos prácticos, la Guía Técnica para la evaluación y prevención de los riesgos derivados de la manipulación manual de cargas considera carga a los objetos de:

a) Más de 1 kg.
b) Más de 3 kg.
c) Más de 5 kg.
d) Menos de 60 kg.

17. La Guía Técnica para la evaluación y prevención de los riesgos derivados de la manipulación manual de cargas recomienda que la profundidad de la carga no supere:

a) Los 25 cm.
b) Los 35 cm.
c) Los 60 cm.
d) Los 90 cm.

18. Cuando los trayectos de manipulación manual de cargas no superan los 10 metros, el peso máximo acumulado transportado en una jornada de 8 horas de trabajo será de:

a) 3.000 kg.
b) 6.000 kg.
c) 10.000 kg.
d) 12.000 kg.

19. Según la Guía Técnica para la evaluación y prevención de los riesgos derivados de la manipulación manual de cargas, aquellas cargas sin asas que pueden sujetarse flexionando la mano 90º alrededor de la carga, se consideran de:

a) Agarre óptimo.
b) Agarre bueno.
c) Agarre regular.
d) Agarre malo.

20. Cuando se maneja una carga entre dos personas la capacidad de levantamiento es:

a) La suma de sus capacidades individuales.
b) Dos tercios de la mayor de las capacidades de los dos trabajadores.
c) Dos tercios de la suma de sus capacidades individuales.
d) La mitad de la suma de sus capacidades individuales.

21. De los siguientes, se consideran legalmente equipos de protección individual:

a) Los cinturones de seguridad de automóviles.
b) El material de autodefensa.
c) Los equipos anticaídas.
d) Los uniformes del personal, aunque no estén específicamente destinados a proteger la salud o la integridad física del trabajador.

22. No tienen, legalmente, la consideración de EPI:

a) Los cascos.
b) Los tapones para los oídos.
c) Los equipos de socorro y salvamento.
d) Los equipos de protección individual de los policías.

23. La utilización de un equipo de protección individual no se justifica cuando:

a) Es imposible eliminar el riesgo.
b) Es imposible instalar una protección colectiva eficaz.
c) Se ha eliminado el riesgo.
d) El trabajo no es de carácter manual.

24. En relación con los equipos de protección individual, es cierto que:

a) No se pueden utilizar simultáneamente distintos equipos de protección individual.
b) En ningún caso podrán utilizarse equipos de protección individual para usos no previstos.
c) Los equipos de protección individual estará destinados, en principio, a un uso de toda la plantilla.
d) La utilización de los equipos de protección individual deberá efectuarse de acuerdo con las instrucciones del fabricante.

25. El Real Decreto 773/1997, de 30 de mayo:

a) Establece las disposiciones mínimas de seguridad y salud relativas a la utilización por los trabajadores de equipos de protección individual.
b) Establece las disposiciones mínimas de seguridad y salud para la utilización por los trabajadores de los equipos de trabajo.
c) Establece las disposiciones mínimas de seguridad y salud relativas al trabajo con equipos que incluyen pantallas de visualización.
d) Establece las disposiciones mínimas de seguridad y salud en los lugares de trabajo.

Solución al test n.º 11

1. b) Máquinas de percusión.

2. d) Golpes y cortes en manos ocasionados por las propias herramientas durante el trabajo normal con las mismas.

3. c) Mecánico.

4. a) Golpes en extremidades.

5. d) Las zonas de los lugares de trabajo en las que exista riesgo de caída, de caída de objetos o de contacto o exposición a elementos agresivos, deberán estar claramente señalizadas.

6. d) Las herramientas de corte estén correctamente afiladas, sin rebabas ni bordes romos.

7. a) Las herramientas se conserven adecuadamente ordenadas, tanto en su uso como en su almacenamiento, procurando agruparlas en función de su tamaño y características.

8. b) En los trabajos sobre piezas de pequeño tamaño y no fijas, deberá procederse a garantizar su sujeción para evitar los riesgos derivados de un desplazamiento inesperado.

9. c) Declaración CE de conformidad.

10. b) Desechar aquellos que presenten rebabas o fisuras.

11. c) Equipo de trabajo.

12. a) Se utilizarán exclusivamente de forma o en condiciones indicadas por el fabricante.

13. d) Serán de fabricación sólida y resistente.

14. a) 25 kg.

15. c) Manejo de la carga sin giros ni inclinaciones.

16. b) Más de 3 kg.

17. b) Los 35 cm.

18. c) 10.000 kg.

19. c) Agarre regular.

20. c) Dos tercios de la suma de sus capacidades individuales.

21. c) Los equipos anticaídas.

22. c) Los equipos de socorro y salvamento.

23. c) Se ha eliminado el riesgo.

24. d) La utilización de los equipos de protección individual deberá efectuarse de acuerdo con las instrucciones del fabricante.

25. a) Establece las disposiciones mínimas de seguridad y salud relativas a la utilización por los trabajadores de equipos de protección individual.

TEST N.º 12

Planes de prevención de riesgos laborales. Planes de emergencia y evacuación del centro. Nociones básicas

1. El Plan de prevención de riesgos laborales debe ser aprobado por:

a) La dirección de la empresa.
b) La autoridad sanitaria.
c) Los representantes de los trabajadores.
d) Todos los trabajadores.

2. La actividad preventiva deberá planificarse:

a) Para un periodo determinado.
b) Para un periodo ilimitado.
c) Anualmente.
d) Para un periodo máximo de 3 años.

3. La prevención de riesgos laborales deberá integrarse en el sistema general de gestión de la empresa a través de:

a) La política preventiva.
b) El plan de prevención.
c) El consenso de las partes.
d) El poder de decisión del empresario.

4. La acción preventiva en la empresa:

a) Se planificará por el Comité de Seguridad y Salud a partir de una evaluación inicial de riesgos.
b) Se planificará por los Delegados de Prevención a partir de una evaluación inicial de riesgos.
c) Se planificará por el empresario a partir de una evaluación inicial de riesgos.
d) Se planificará por los Delegados de Personal a partir de una evaluación inicial de riesgos.

5. Podrán realizar el plan de prevención de riesgos laborales, la evaluación de riesgos y la planificación de la actividad preventiva de forma simplificada, en atención a la naturaleza y peligrosidad de las actividades realizadas, empresas cuyo número de trabajadores no exceda de:

a) 30.
b) 50.
c) 80.
d) 100.

6. La evaluación de los riesgos laborales:

a) Es un proceso técnico en la organización del trabajo.
b) Es un proceso dirigido a estimar la magnitud de los riesgos que no hayan podido evitarse.
c) Es un procedimiento estático.
d) Es una práctica para el control y la protección de los trabajadores.

7. Los instrumentos esenciales para la gestión y aplicación del Plan de prevención de riesgos laborales son:

a) La evaluación de riesgos y la planificación de la actividad preventiva.
b) La evaluación inicial de riesgos y la formación.
c) La planificación y la gestión de la actividad preventiva.
d) La identificación y la evaluación de los riesgos.

8. Al sistema de acciones y medidas encaminadas a prevenir y controlar los riesgos sobre las personas y los bienes, a dar respuesta adecuada a las posibles situaciones de emergencia y a garantizar la integración de estas actuaciones con el sistema público de protección civil, se le denomina:

a) Prevención.
b) Autoprotección.
c) Previsión.
d) Reacción.

9. El documento perteneciente al plan de autoprotección en el que se compila el conjunto de medidas de prevención-protección previstas y/o implantadas, así como la secuencia de actuaciones a realizar ante la aparición de un siniestro, es:

a) La evaluación de riesgos.
b) El Plan de prevención.
c) El Plan de emergencias.
d) El libro de Auxilio.

10. No forma parte de la estructura del plan de autoprotección:

a) La identificación de los titulares y el emplazamiento de la actividad.
b) El coste de la implantación del plan.
c) El inventario, análisis y evaluación de riesgos.
d) El plan de actuación ante emergencias.

11. No será un objetivo para la realización de los simulacros la verificación y comprobación:

a) La eficacia de la organización de respuesta ante una emergencia.
b) La capacitación del personal adscrito a la organización de respuesta.
c) La suficiencia e idoneidad de los medios y recursos asignados.
d) El especial entrenamiento del titular de la actividad (no tanto del resto del personal de la actividad) en la respuesta frente a una emergencia.

12. La vigencia del plan de autoprotección será:

a) De cinco años.
b) De tres años.
c) Indeterminada.
d) De un año.

13. La Norma Básica de Autoprotección es de aplicación a cualquier establecimiento de uso residencial público que disponga de una ocupación igual o superior a partir de:

a) 500 personas.
b) 1000 personas.
c) 1500 personas.
d) 2000 personas.

14. El director del Plan de Actuación en Emergencias será designado por:

a) El titular de la actividad.
b) El Servicio de Prevención.
c) El Comité de Seguridad y Salud.
d) La autoridad laboral territorial.

15. A efectos de la Norma Básica de Autoprotección, la probabilidad de que se produzca un efecto dañino específico en un periodo de tiempo determinado o en circunstancias determinadas, se denomina:

a) Riesgo.
b) Peligro.

c) Alerta.
d) Precaución.

16. La medida de protección de las personas, tras un accidente, que consiste en permanecer dentro de un espacio interior protegido y aislado del exterior, se denomina:

a) Confinamiento.
b) Evacuación.
c) Aislamiento.
d) Hermetismo.

17. Para evaluar los planes de autoprotección y asegurar la eficacia y operatividad de los planes de actuación en emergencias se realizarán simulacros de emergencia, con la periodicidad mínima que fije el propio plan, y en todo caso, al menos:

a) Una vez al año.
b) Dos veces al año.
c) Una vez cada dos años.
d) Una vez cada tres años.

18. Los riesgos relacionados con el desarrollo de la actividad empresarial y las instalaciones propias existentes en cualquier sector, son:

a) Riesgos convencionales.
b) Riesgos menores.
c) Riesgos mayores.
d) Riesgos específicos.

19. Avisar de la forma más rápida a los equipos de emergencia del propio establecimiento e informar al resto de los equipos y solicitar en su caso ayudas de intervención externa, cuando se produce una emergencia, es:

a) Alarmar.
b) Alertar.
c) Apremiar.
d) Detectar.

20. El aviso o señal por la que se informa a las personas para que sigan instrucciones específicas ante una situación de emergencia, es:

a) Alerta.
b) Detección.
c) Alarma.
d) Auxilio.

21. Aquella situación en la que los parámetros definidores del riesgo, evidencian que la materialización del mismo, puede ser inminente, se denomina:

a) Preemergencia.
b) Conato.
c) Emergencia parcial.
d) Emergencia primaria.

22. Aquella situación que puede ser controlada y solucionada de forma sencilla y rápida por el personal y medios de protección del local, dependencias o sector, se llama:

a) Preemergencia.
b) Conato de emergencia.
c) Emergencia parcial.
d) Emergencia primaria.

23. Aquella situación que, para ser dominada, requiere la actuación de equipos especiales del sector, se denomina:

a) Emergencia sectorial.
b) Emergencia básica.
c) Preemergencia.
d) Emergencia parcial.

24. ¿A quién corresponde establecer la situación de emergencia en función del nivel de gravedad?

a) Al Jefe de Intervención.
b) Al Director del Plan de Actuación.
c) Al responsable de los Servicios Públicos de Extinción de Incendios y Salvamento.
d) Al Director del Plan de Autoprotección.

25. En un plan de autoprotección, ¿a qué se denominan "Equipos de Primera Intervención" (EPI)?

a) Son los que en una situación de emergencia organizan en primer lugar la evacuación del edificio a la espera de las instrucciones del Jefe de Emergencia.
b) Son los que en una situación de emergencia acuden al lugar donde se haya producido la emergencia para intentar su control y poner en funcionamiento el sistema de alarma.
c) También llamados Equipos de Protección Individual, incluyen cualquier equipo destinado a ser llevado o sujetado por el trabajador para que le proteja de los riesgos para su seguridad y salud laboral.
d) Son las brigadas contra incendios que actúan cuando la emergencia se considera grave.

26. Asume la dirección y coordinación de los equipos de emergencia en el lugar del accidente:

a) El Jefe de Intervención.
b) El Director del Plan de Actuación.
c) El responsable de los Servicios Públicos de Extinción de Incendios y Salvamento.
d) El Director del Plan de Autoprotección.

27. Su misión es asegurar una evacuación total y ordenar su sector y/o establecimiento y garantizar que se ha dado la alarma. Nos referimos a:

a) Al Equipo de Primeros Auxilios (EPA).
b) Al Equipo de Segunda Intervención (ESI).
c) Al Equipo de Primera Intervención (EPI).
d) Al Equipo de Alarma y Evacuación (EAE).

28. Las salidas del establecimiento, planta o inmueble tendrán una señal con el rótulo "SALIDA", excepto en edificios de uso Residencial Vivienda y, en otros usos, cuando se trate de salidas de recintos que sean fácilmente visibles y cuya superficie no exceda de:

a) 50 m².
b) 100 m².
c) 200 m².
d) 400 m².

29. Deben disponerse señales indicativas de dirección de los recorridos, visibles desde todo origen de evacuación desde el que no se perciban directamente las salidas o sus señales indicativas y en particular, frente a toda salida de un recinto, que acceda lateralmente a un pasillo, y que tenga una ocupación mayor de:

a) 50 personas.
b) 100 personas.
c) 140 personas.
d) 200 personas.

30. Las señales de salida de uso habitual o de emergencia, cuando la distancia de observación esté comprendida entre 20 y 30 metros, tendrán un tamaño de:

a) 210 x 210 mm.
b) 420 x 420 mm.
c) 594 x 594 mm.
d) 360 x 360 mm.

31. El lugar físico desde donde el Director del Plan de Actuación en Emergencias dirige la resolución de la misma, es:

a) El Centro de Control.
b) El Lugar de reunión.
c) El Centro directivo.
d) La Zona de Refugio.

32. El emplazamiento de los extintores permitirá que sean fácilmente visibles y accesibles, estarán situados próximos a los puntos donde se estime mayor probabilidad de iniciarse el incendio, a ser posible próximos a las salidas de evacuación y preferentemente sobre soportes fijados a paramentos verticales, de modo que la parte superior del extintor quede, como máximo, a:

a) 1,20 metros sobre el suelo.
b) 1,70 metros sobre el suelo.
c) 1 metro sobre el suelo.
d) Ninguna de las respuestas es correcta.

33. Las bocas de incendio equipadas (BIE) se situarán, siempre que sea posible, a una distancia máxima de la salida de cada sector, de:

a) 5 metros.
b) 10 metros.
c) 15 metros.
d) 20 metros.

34. La separación máxima entre cada boca de incendio equipada (BIE) y su más cercana será de:

a) 10 metros.
b) 25 metros.
c) 50 metros.
d) 75 metros.

35. Según el Real Decreto 513/2017, de 22 de mayo, por el que se aprueba el Reglamento de instalaciones de protección contra incendios y la norma UNE-EN2, para un fuego de clase C, utilizaremos un agente extintor:

a) Específico para fuegos de metales.
b) Específico para fuegos de materiales sólidos, generalmente de naturaleza orgánica, cuya combinación se realiza normalmente por la formación de brasas.
c) Específico para fuegos de gases.
d) Específico para fuegos de líquidos o de sólidos licuables.

Solución al test n.º 12

1. a) La dirección de la empresa.

2. a) Para un periodo determinado.

3. b) El plan de prevención.

4. c) Se planificará por el empresario a partir de una evaluación inicial de riesgos.

5. b) 50.

6. b) Un proceso dirigido a estimar la magnitud de los riesgos que no hayan podido evitarse.

7. a) La evaluación de riesgos y la planificación de la actividad preventiva.

8. b) Autoprotección.

9. c) El Plan de emergencias.

10. b) El coste de la implantación del plan.

11. d) El especial entrenamiento del titular de la actividad (no tanto del resto del personal de la actividad) en la respuesta frente a una emergencia.

12. c) Indeterminada.

13. d) 2000 personas.

14. a) El titular de la actividad.

15. b) Peligro.

16. a) Confinamiento.

17. a) Una vez al año.

18. a) Riesgos convencionales.

19. b) Alertar.

20. c) Alarma.

21. a) Preemergencia.

22. b) Conato de emergencia.

23. d) Emergencia parcial.

24. b) Al Director del Plan de Actuación.

25. b) Son los que en una situación de emergencia acuden al lugar donde se haya producido la emergencia para intentar su control y poner en funcionamiento el sistema de alarma.

26. a) El Jefe de Intervención.

27. d) Al Equipo de Alarma y Evacuación (EAE).

28. a) 50 m2.

29. b) 100 personas.

30. c) 594 x 594 mm.

31. a) El Centro de Control.

32. a) 1,20 metros sobre el suelo.

33. a) 5 metros.

34. c) 50 metros.

35. c) Específico para fuegos de gases.

Cómo acceder al Curso

Oficial de Segunda de Oficios (Grupo IV Personal Laboral)
Test del temario específico

El uso de los códigos **es exclusivo de los compradores de los productos de Editorial MAD**. Cada producto posee un código único y de un solo uso. Es personal e intransferible y da acceso a servicios y contenidos adicionales. Editorial MAD se reserva el derecho de hacer cuantas comprobaciones sean necesarias para identificar al legítimo poseedor del código y dejar de dar servicio a quien haga uso fraudulento del mismo, además de emprender cuantas acciones legales estime oportunas según la legislación vigente.

Deberás acceder a:

mad.es/registro-campus

Si una vez aceptadas las condiciones de uso del Campus decides hacer uso del mismo, necesitarás del siguiente código de acceso junto con los códigos del resto de títulos que se exigen (si fuera el caso):

L1KMA8IFGV